兩岸最前線

從海陸大戰到海陸休兵

翟思嘉 著

推薦序　海陸故事是兩岸關係的縮影

前國安會秘書長、臺北論壇基金會董事長
蘇起

兩岸關係一直是近代國際社會裏最特殊的一組關係，因為它表面上既有國際關係的特色，也有國內關係的特色，但實質上它既不是國際關係，也不是國內關係。如果這還不夠特殊，八〇年代後期的兩岸關係還一直處在全球極為罕見的「經熱政冷」狀態。臺灣與中國大陸在經濟與文化上的熱絡程度超過許多國際盟友間的關係，但軍事上、外交上及政治上卻仍彼此提防、相互猜忌。在我幾十年的學術與政府經歷中，不曉得碰過多少國家的官員學者讚嘆臺灣能在如此罕見（意即沒有參考學習對象）、複雜、兩岸力量對比懸殊、而內部爭論又激烈的情況下，竟能生存發展，甚至好似游刃有餘。

個人以為，其中最大的奧妙就是，在關鍵的時刻兩岸總有創意出現，用特殊的方法讓特殊的兩岸關係「關關難過關關過」。臺灣陸委會與海基會以及大陸國台辦與海協會的設立就是最早的重大創意，而它恰好是臺灣方面提出的創意。今天我們可以說，如果當時沒有成立這些專責機構的創意，就不可能有後來兩岸關係的和平發展。畢竟前面的四十幾年間，臺灣一直視中華人民共和國為「叛亂團體」，而大陸則認為中華民國已經消滅。海陸兩會及兩岸兩會「白手套」的新創意讓雙方能夠同時兼顧彼此不同的意識形態以及共同的現實需要，一起坐下來開始溝通對話，真是一項非常了不起的突破。

正因為兩岸兩會位處於兩岸關係的最尖端，所以它們必須直接承受兩岸不時碰撞的力道。臺北的海陸兩會還必須額外承受在臺灣內部政治鬥爭中所產生的火花。二十幾年來海陸兩會的故事彷彿是兩岸關係及臺灣內鬥的縮影，其中有兩岸的衝突與妥協，有不同政黨及同黨內部的權力爭奪、有意識形態與政策理念之爭、有機關間的角力、有個人恩怨的投射；有燦爛的一面、也有平淡的時刻。

這個故事在別的著作及文章裏固然已有若干敘述，但思嘉的十萬字新書可能分析得最有系統性，也最透徹。她結合靜態的學術研究與多年媒體工作的直接觀察，把海陸兩會從緣起開始探討，一路追朔它們當初如何互動（尤其是所謂的「海陸大戰」），後來又如何磨合，終至近期如何分工。任何讀者看完這本書，一定會對兩岸關係的這兩個尖端機構具有全面而深刻的認識，絕對有助於將來觀察兩岸關係的全貌。

尤其難能可貴的是，思嘉訪問了九位曾經直接參與海陸兩會工作的官員。由於工作的敏感性質，這些官員平常不太與外界接觸，但基於對思嘉的信任及匿名的承諾，他們多多少少透露了一些鮮為外界所知的事情，因此大大增添了本書的份量。

值此臺灣新的大選將屆之際，如果真如一般預料將再度政黨輪替，那麼民進黨與共產黨之間的鴻溝（即「臺灣是主權國家」與「臺灣是中國的一部分」間的巨大差異）恐怕必然需要一個新的創意來搭橋。不管這個新創意會不會出現，海陸兩會作為兩岸關係的最前線，必然會再度成為新的溫度計，讓我們藉以觀察其中的冷暖。

思嘉的新書因此不僅是檢討與回顧，也替讀者照亮了前面可能展開的新路。爰特樂意為一短序，恭喜兼期許。

推薦序　從小茶壺到大棋盤

前海基會副董事長
馬紹章

記者，過去是無冕王，為人敬重，但現在的社會對記者的印象都不怎麼好，無冕王成了是非人。不過，我的印象剛好相反，至少跑海基會與陸委會新聞的記者絕大部分都是認真、謹守專業之士，思嘉就是其中之一。面對認真、專業的記者，我在海基會六年的發言人工作充滿挑戰。

和思嘉由生而熟，都是圍繞著工作。她是跑海陸兩會的記者，我那時是海基會的發言人，至少每週例行吹風時會碰一次面。她一方面當記者，一方面當學生，正在唸淡江大陸研究所，剛好學以致用。有一天，她告訴我，論文題目想寫陸委會與海基會的關係，我想都沒想就提醒她，這個題目很有意義，但是不容易寫，因為涉及到人的問題，而這一向是當事人忌諱談論的話題。思嘉能夠寫完這篇論文，的確不容易，因此我就鼓勵她再加一把勁，將論文出版，讓更多的人能從兩會關係中一窺兩岸關係的堂奧。現在書要出版，她要我寫序，又怎能拒絕！

這個主題，讓我感觸良多。像我這樣的五年級生，在1987年之前，何曾想過兩岸會有如此巨大變化。大時代的變化，很自然就吸引了我的注意，兩岸關係就此進入了我的視野。沒想到2009年開始又在海基會服務整整六年的時間，對海陸關係有更直接的體悟。

海基會的設立，是觀念上的創新，但慢了一年的海協會，則更往前一步。常說國台辦和海協會是一套人馬，兩塊招牌，陸委會和海基會則是兩套人馬，兩塊招牌。這種設計就註定了海陸兩會之間必然的矛盾，只是表現的形式與程度不同而已。就像思嘉書中所言，制度上以及人的因素，使得海陸兩會很難像團隊一樣的運作。如果以團隊的概念來看海陸兩會關係，那幾乎是一個不可能達成的標竿，除非進行制度的調整，而制度的調整需要有長遠的眼光與決心。

以個人的觀察，早期的海陸衝突是因兩岸開始交往，正處在時代巨變之開端，彼此角色及政策的期待均有落差，但2008年後，海陸之間雖沒有初創時的衝突，卻有制度設計必然產生的摩擦，儘管媒體偶爾報導，卻不致影響兩岸交流。尤其現在陸委會與國台辦已建立了直接溝通與聯繫的管道，如果依照這個現狀持續發展，海基會走入歷史似乎也是遲早的事。

從這個角度來看，如何將海基會納入陸委會，走向一套人馬，兩塊招牌，最終則走向一套人馬，一塊招牌，應該是政府要思考的議題。一套人馬，其實就是一個團隊的意思，唯有如此，不論是政策的制定、執行，乃至於兩岸之間的溝通，都可以更順暢，更有效；一塊招牌，代表兩岸之間已不需要白手套，其政治象徵意義已不待多言。

海陸問題畢竟只是臺灣小茶壺內的小風波而已，茶壺外大棋盤上的風雲變幻，才是臺灣前途的關鍵，希望思嘉能在大棋盤上再寫一本書，是為之序。

前言

兩岸關係是一部戲劇化的近代史，自1949年分治，關起門來各自發展，到1987年，百萬老兵對故鄉的思念讓兩岸首度有了接觸，從隔絕到交往、又從對峙到緩和；民間接觸引導兩岸高層對話，逐漸形成今日的兩岸關係。因應兩岸關係需要也形成今日陸委會授權，海基會談判簽署協議的兩岸政策交流機制。但目前看似運作順暢的陸委會與海基會，其實經歷過長時間的紛爭與磨合，形成現今兩岸關係中的主要核心。

在兩岸政府的授權之下，海基會與大陸海協會於1991年底展開正式的接觸與協商，1993年4月，兩岸兩會的最高負責人在新加坡舉行了歷史性的「辜汪會談」並簽署四項協議，是兩岸建立以對話協商解決交流問題的濫觴。其後兩岸政府也持續透過此一管道進行多次談判，雙方制度化協商的機制逐步確立。

海基會由政府掌控董監事會，唯一功能來自於政府委託授權，每次談判前都需陸委會頒發授權書。海基會不是官方機構，卻比照官方機構，因此其運作過程中常面臨結構性的困境。海基會與陸委會因「制度」的缺失加上「人事」問題，使最該合作無間的陸委會與海基會在成立初始就衝突不斷，一度被媒體戲稱為「海陸大戰」。

「海陸大戰」在李登輝執政時期最為嚴重，陸委會與海基會的紛爭，其實是執政黨內派系糾葛的縮影。李登輝執政時期，總共經歷5位陸委會主委、5位海基會秘書長，由黃昆輝擔任陸委會主委時紛爭最烈，3位海基會秘書長先後去職，當中不少人與黃昆輝都有過衝突。

陸委會與海基會的關係，在李登輝時期最受「人」的因素影響。肇因於當時的國內政治因素、兩岸關係，但最重要的，兩機構成立初始磨合劇烈，許多議題尚無制度規範，也未有依循的處理原則，主事者的不同性格，對海陸關係有決定性的影響。

2000年政黨輪替後，民進黨執政，兩岸關係就成為陸委會與海基會關係的最重要因素。當時兩岸官方接觸極少，大陸方面拒絕與海基會協商談判，海基會的功能大幅下降，卻也因業務減少，與陸委會的關係逐漸穩定，沒有太多紛爭。

到2008年馬英九贏得總統大選，推動兩岸復談，海基會也得以順利運作，發揮民間機構應有的機動性，但同時，兩岸制度化協商逐漸趨向制度化與專業化後，隨著兩岸協商議題愈來愈深入專精，臺灣官員已經可以保留職銜，直接上桌談判，海基會的角色漸漸淡化，重要性開始逐步降低。

相較李登輝時期在合作中頻生衝突的海陸關係，馬英九時期的陸委會與海基會轉變為從屬關係，陸委會作為海基會的主管機關，在建立陸委會與國台辦的直接溝通管道後，海基會的功能限縮，以兩岸交流服務為主，雖然兩岸礙於主權問題，海基會目前仍是無可替代的白手套，但角色與功能的轉化，使未來海基會可能縮編、甚至成為徒具招牌的平台。如何轉型，將是海基會勢必要面對的問題。

陸委會與海基會關係雖在馬英九執政時期高度制度化，稍微消除「人」的變數，但在兩岸協商範圍更廣更專業的當下，陸委會與兩岸協議相關部會的互動與合作將更加重要，海陸關係，將不再是兩岸關係的重要變數或觀察指標了。

從李登輝、陳水扁時期到馬英九時期，海陸關係由合作中的衝突，轉變為現今的從屬關係，各有不同的互動型態與問題。本書擬從歷史角度爬梳陸委會與海基會在各個階段產生的磨合，探討衝突的原因及造成的結果，如何改變陸委會與海基會之間的定位與屬性，並進一步影響今日陸委會與海基會的互動模式與其定位職掌。文中，訪談共9位曾分別在三個政府時期、擔任陸委會與海基會高階職務的受訪者，其中，有2位陸委會主委、1位陸委會副主委、1位海基會董事長、5位海基會秘書長。經由當事人現身說法，或許讀者能從中讀出更多不見於文獻中的海陸關係。

本書由我的碩士論文「陸委會與海基會關係研究」構成，過程中，指導老師蘇起老師提供許多意見，不僅於學術，也在做人處世與人生規劃上，給我動力。

感謝海基會前副董事長馬紹章，與蘇起老師一起為我作推薦序，長期在海基會任職，馬紹章對海陸關係、甚至兩岸關係，自有其獨到犀利的見解。

淡江大學中國大陸研究所所長張五岳老師給學生的幫助遍及學術與生活，包括我在內的大陸所學生因張老師的關係，成長飛速。張老師講求效率，我卻是最沒效率的學生之一，感謝張老師時時督促，在關鍵時刻伸出援手，我才能完成這本書。

書中的9位受訪者都是在數個領域卓有成就的人物，感謝他們對我訪前與訪後的信任，無私分享自身獨有的經歷與針貶現在的視角，因為他們的參與，這本書也隨之有了價值。

從論文的第一個字到這本書的最後一個字，是一段不短的路途，在一步步成長的過程中，兩岸研究學界、兩岸新聞界的諸多先進與前輩，以他們各自的風采給予我養分；若能再往前溯及，東華中文系的多位師長，告訴我何為學問的高度，並教會我觀察這個世界的態度。

感謝秀威為我初期規劃的伊庭，以及盡責、比我有效率千百倍的國維。另外特別感謝不願具名的C先生，沒有他，就沒有這本書。

翟思嘉

目次

第一章
大陸事務專責機構的編制、定位與任務

第一節　國安會

國家安全局成立於1955年3月1日，隸屬於國防會議；至1967年國防會議撤銷，同時成立國家安全會議，國家安全局亦隨之改隸。國安會是中華民國主理國家安全的專責機構，直屬於總統。1993年12月30日，「國家安全會議組織法」及「國家安全局組織法」經總統明令公布，國家安全局即於1994年1月1日正式法制化。「國家安全會議組織法」還在2003年6月5日經過修正、6月25日公布。

國家安全會議秘書長由總統特任，依據國家安全會議之決議處理會務，並指揮、監督所屬職員（第六條），並有1到3位比照簡任第十四職等的副秘書長，襄助秘書長處理會務（第七條）和5到7位諮詢委員（第九條）[1]。在1991年陸委會與海基會掛牌成立，專責處理兩岸交流各項事務之前，政府部門中並無大陸事務的專責機構，既然「大陸事務」幾乎等於「對敵鬥爭」工作，那麼該項業務便隸屬維護「國家安全」的官僚部門。1991年憲法增修條例第九條第一項規定，總統為決定國家大政方作，得設「國家安全會議」與「國家安全局」[2]。國家安全會議組織法第2條規定，國防、外交及兩岸關係等，屬國家大政方針，故總統經由諮詢「國家安全會議」擘劃兩岸政策，亦相應使「國家安全會議」在

1　據國家安全會議組織法。

2　在《國家安全局組織法》第2、18條、《國家情報工作法》第1、3條等之規定，國家安全局之主要職掌則為綜理國家安全情報、特種勤務之策畫與執行，與統籌全國密碼管制政策及研發等。

大陸工作體系中居於主導之地位[3]。在大陸工作組織之分工與職掌中，總統依法對重大之政策行使決策權，國安會承總統指示，負責有關國家安全重大政策之幕僚作業，另總統亦依職權，設置必要的政策諮詢機構[4]。

國統會與陸委會成立之初，國安局因為掌握大量情報資料而且幕僚人員充足，在大陸政策中的地位相當重要。國安局長身兼國統會研究委員、行政院大陸委員會委員，「國家統一綱領」即由當時國安局局長宋心濂主導初稿草擬工作[5]，可見國安局在決策過程中的比重。國安會的角色在國統會諮詢功能式微後更趨重要。1999年7月9日李登輝提出「特殊兩國論」，國統會即不再開會；2006年2月27日時任總統的陳水扁宣布將不再開會的國統會「終止適用」（cease to apply）。「終統」後，總統成為大陸政策最高決策者，但在總統府沒有設置任何諮詢機構下，「國安會」因此成為兩岸事務最為重要的決策諮詢機制，加上陳水扁執政時期的大陸決策體系較為封閉，國安會的角色也愈形重要。

馬英九執政時期，大陸決策體系以總統為核心，國安會為總統幕僚，協調兩岸、國防、外交工作，特別在馬英九政府相當重視的兩岸政策上，國安會的影響力相當大。

---

3 許惠祐，《兩岸交流政策與法律》（臺北：華泰文化，2007年），頁11。

4 陸委會網頁。

5 邱進益，「國統綱領就是『統合論』」，中時電子報，2001年2月25日。http://forums.chinatimes.com.tw/special/country/news02.htm
內文稱：「研究委員第一次集會時，當時的國安局長宋心濂就說，他願意自告奮勇，由他負責提供初稿讓大家討論。」

第二節　國統會

國家統一委員會，簡稱國統會。1990年8月當時行政院副院長施啟揚召集董世芳（時任國家安全會議副秘書長）、王昭明（時任行政院秘書長）、鄭心雄（時任中國國民黨副秘書長）、馬英九（時任行政院研考會主委）、邱進益（時任總統府副秘書長）等6人，就成立「國家統一委員會」一事交換意見，最終決定以任務編組方式在總統之下成立「國家統一委員」。在呈送當時並獲行政院院長郝柏村同意後，由總統府研擬國家統一委員會設置要點，移請中國國民黨中央常務委員會討論。同年9月，國民黨將上述設置要點提報第十三屆中央常務委員會第105次會議，決議「修正通過」，送請當時總統府秘書長蔣彥士轉呈；9月21日，總統府秘書長發函頒布《國家統一委員會設置要點》，並根據該設置要點成立「國家統一委員會」，於10月7日召開首次會議時由時任總統的李登輝宣布成立。

國統會設置要點第一條明定設置宗旨，「總統為在自由、民主的原則下，加速國家統一，研究並諮詢有關國家統一之大政方針，特以任務編組方式，設置『國家統一委員會』」。第二條及第三條明定組成，指「委員會主任委員由總統擔任。副主任委員3至4人，除由副總統及行政院長擔任外，另由總統聘任；置委員27人至33人，由總統聘任，聘期一年，期滿得予續聘。第四條則規定「委員會每年集會一次，由主任委員主持，必要時得召開臨時會議。主任委員不克主持時，尤其指定之副主任委員主持」[6]。國統會並在1991年2月23日的國統會3次會議上，正式通過《國家統一綱領》；1992年8月1日，在第8次會議上通過「關於一個中國的涵義」，主張「海峽兩岸均堅持一個中國之原則，但雙方賦予之涵義有所不同，中共當局認為一個中國即中華人民共和國，將統一後臺灣將成為其轄下的一個特別行政區。我方則認為一個中國應指1912年成立迄今之中華民國，其主權及於整個中國，目前之治權，則僅及於臺澎金馬，臺灣固為中國之一部分，但大陸亦為中國之一部分」。

《國家統一綱領》與「關於一個中國的涵義」，界定當時兩岸關係定位，為即將開啟的兩岸務實交流奠定基礎。

李登輝擔任九年總統下的大陸政策模式，都由李登輝一手掌握與主導，舉凡制訂「國家統一綱領」、成立總統府轄下的國統會、成立陸委會與海基會，甚至終止動員戡亂時期等重大政治變革，都是在「李登輝意志」之下完成的[7]；而對國統會賦予重要期待，最終卻又將之束之高閣的，同樣也是李登輝的個人意志。關於最初成立國統會的構想，李登輝的訪談回憶錄中說，「自（民國）87年11月2日開放兩岸探親以來，兩岸之間究竟應該如何走下去？政府內部從未建立任何相關的決策體系、機制與模式。李登輝與總統府副秘書長邱進益多次商談這個問題，邱進益當時規劃出三個架構性的層次，即國統會、陸委會與海基會。在這個戰略性設計下，國統會為決策層次，交由陸委會執行，由於兩岸不能

6 「國家統一委員會設置要點」，行政院大陸委員會網站。

7 王銘義，「兩岸和談：臺灣與中國的對話」，財訊，1997年6月1日，頁205。

直接接觸，因此由半官半民的海基會擔任白手套。」[8]；據邱進益1990年攜往行政院開會的文件也顯示，國統會最初設立構想為「擁有直接指揮行政院大陸工作會報及監督所謂『中介團體』的權利，同時在國統會常務委員會之下設立『統一政策研究小組』，作為政策研議之幕僚單位。[9]若構想得以付諸實踐，則國統會勢必如同國家安全會議一般，成為總統直接決定國家大政及指揮行政體系的統攝機構。而且由於國統會採行委員制，委員又聘自社會各界，其對臺灣政治生態的影響，恐怕非同小可。[10]

1988年李登輝特地徵調當時在史瓦濟蘭擔任大使的邱進益回國擔任總統府副秘書長，要他「參與協助規劃穩定兩岸關係的大陸政策」。可見當時，李登輝已在找尋外於郝柏村勢力的大陸政策幫手。邱進益當時提出大陸政策的3個架構層次，分別為國統會、陸委會與海基會，國統會為決策層次、陸委會執行，半官半民的海基會出面擔任白手套，國統會由總統李登輝主持，掌握政府大陸政策方針。[11]李登輝此舉，是想藉高層級的國統會掌握實質大陸政策決策權，但遭郝柏村領導的行政院反對，使國統會最終淡化為諮詢機構，沒有權責，沒有法源依據。

1990年8月1日，邱進益銜李登輝之命，邀集當時的行

[8] 鄒景雯整理，《李登輝執政告白實錄》，（臺北，印刻出版，2001年5月），頁181-182。

[9] 李福鐘，《國統會與李登輝大陸政策研究》，五南，2010年9月22日，頁157。

[10] 同上。

[11] 鄒景雯整理，《李登輝執政告白實錄》，（臺北，印刻出版，2001年5月），頁181-182。

政院副院長施啟揚、國家安全會議秘書長董世芳、研考會主委馬英九、國民黨副秘書長鄭心雄等人，在行政院討論國統會成立相關事宜。據邱進益的備忘錄顯示，總統府對成立國統會的組織想法是：

> 目前執政黨下之「大陸政策指導小組」與行政院下之「大陸工作會報」似未能充分發揮統合大陸政策與步驟之效果，以致對陸關係，步伐紊亂，民間搶先，置政府政策於不顧，長此以往，必將失控，故亟宜早日規劃，使之統籌有效，以對抗中共嚴整之對我統戰組織。[12]

但不過6天後，8月6日由行政院研考會召開一場會議，討論國統會設立事宜：

> 會議由副院長施啟揚主持，邱進益、王昭明、董世芳、馬英九與鄭心雄共6人出席，這場會議否決了總統府以臨時條款第四項做為國統會法源依據的想法，並做出9項結論，除了將國統會純粹定位為諮詢性質外，會議還做出大陸工作之「權責」單位為行政院陸委會的結論[13]。

行政院方面還要求總統府不制定「國統會組織條例」，

[12] 李福鐘，《國統會與李登輝大陸政策研究》，五南，2010年9月22日，頁55。
[13] 同上。

也不將國統會納入「總統府組織法」內[14]。

當時中華民國總統仍未實行全民直選，而行政院長依據憲法擁有副署權，就蔣經國去世後不久的國家體制可能方向而言，內閣制確實是一個擁有眾多支持者的選項。郝柏村基於政府體制的考量阻擋國統會掌握權力，但其中自然也有郝柏村的個人因素。行政院的反制措施顯示，郝柏村所代表的行政體系察覺李登輝欲成立高層級的大陸決策機構，以掌握大陸事務決策權的企圖，故在國統會未成立前就否決了其有任何正式法源依據之可能性，試圖加以干預。囿於當時的政治情勢，李登輝的國統會雖然成立，但效果與能力也大打折扣。1990年10月7日國統會首次委員會議在臺北賓館召開，由總統兼主任委員李登輝致詞，宣布國統會成立。國統會最終成為一個匯聚朝野意見的象徵性機構，國統會下的「國統會研究委員會」任務也相對重大。國統會研究委員會匯整來自大陸的黨、政、軍、經、社會情報資訊，是李登輝研擬大陸政策重要談話與決定的核心幕僚機構。當時，研究委員會有12位研究委員，包括丘宏達、宋心濂、沈君山、邱進益、金耀基、高希均、高英茂、馬英九、黃正華、曾永賢、鄭心雄、蕭天讚等人。

「國統會研究委員會」雖然亦不是法定的決策機構，但因其召集人由總統府副秘書長擔任，包括邱進益、戴瑞明、陳錫蕃等人；此外，委員會並聘有多位專任研究委員，如具有調查局背景的曾永賢、專研大陸經濟情勢的張榮豐等人，

[14] 檔案管理局藏，「國家統一委員會檔案」第三卷，「國統會緣起與組織建置」，檔號079/20506021，1990年8月6日會議紀錄。

這些專任研究員負責主持各種專案的研究計畫，並作為總統府與黨政部門彙整大陸政策相關事務的聯繫管道。在1990年至1993年間，李登輝逐步取得權力，一步步往實權總統的方向位移。1993年2月4日行政院長郝柏村去職，李登輝的意志更加貫徹於行政體系中；1994年7月國民大會通過憲法增修條文，總統與副總統改為全面直選，李登輝因此確立了他的民意基礎，獲得實質的政治權力。

由於國統會沒有被賦予任何法定權限，只是一個標榜凝聚朝野共識的象徵性機構，因應情勢不定期召開會議。因此，國統會最後除了象徵式的固定會議，偶而提供片段的建議外，對李登輝的大陸政策走向，沒有太多實質的影響。

在1993年至1996李登輝贏得總統大選這段期間，海基會與海協會達成舉行辜汪會談的共識，兩岸關係表面上朝向平穩發展方向前進，李登輝也與中國大陸透過密使往來，清楚掌握訊息；另一方面，相較1990年剛就任第八任總統時基礎不穩的情形，李登輝在1996年成為第一屆民選總統，擁有民意基礎後實力大增，對內對外都已掌握住大陸政策的決策權，國統會對李登輝的意義自然淡出，被束之高閣[15]。1995年1月27日總統府召開「總統府國家統一委員會簡報會議」，出席會議的包括總統李登輝、副總統李元簇、行政院長連戰、總統府秘書長吳伯雄、國安會秘書長丁懋時、國民黨秘書長許水德、內政部長黃昆輝、陸委會主委蕭萬長、國安局局長殷宗文、總統府副秘書長戴瑞明，皆是當時政府大

[15] 國統會自1992年12月舉行國統會第9次委員會議之後，國統會委員會議中斷不再召開，長達2年3個月。

陸政策的最高決策層級。會議參與人當時對國統會存廢問題有過討論，而幾乎全數認為國統會具有政治象徵性及宣示性意義，有存在必要性，且不能更名。李登輝在聽取眾人意見之後，作出如下結論，「國統會具有象徵性及宣示性的意義，『國家統一綱領』也發揮主導與穩定兩岸關係的作用，國統會應繼續存在」。[16]

國統會自此成為高舉國家統一旗幟的花瓶[17]，不僅欠缺實質參贊機要的作用，甚至連諮詢的功能，恐怕都所剩無幾。

國統會至1999年4月8日召開第14次委員會議、也是最後一次會議，到2000年政黨輪替，陳水扁當選總統，國統會不曾再召開委員會議，也沒有再聘任委員；直至2006年2月27日總統陳水扁主持國安高層會議，以主席身分作成決議：「國家統一委員會」終止運作，不再編列預算，原負責業務人員歸建；《國家統一綱領》終止適用，並依程序送交行政院查照」。國統會因此正式走入歷史。

第三節　行政院大陸委員會

1987年11月政府開放民眾赴大陸探親，兩岸民間往來日趨密切，衍生許多問題，行政院於是在1988年8月，以任

16 李福鐘，《國統會與李登輝大陸政策研究》，五南，2010年9月22日，總統府國家統一委員會簡報會議紀錄，頁159。

17 新黨立委、國統會委員陳癸淼在1996年10月21日國統會第十一次全體委員會議發言指：「國統會的功能實在難以發揮，只是裝飾性的，並不具有實質性的功能，說它是花瓶，也許不敬，但是，事實上確是如此」。摘自李福鐘，國家統 委員會第十次委員會議紀錄」，收在檔案管理局藏，「國家統一委員會檔案」，卷一九。「國統會委員會議」檔號84/2050604/1112。

務編組方式成立「行政院大陸工作會報」，協調各主管機關處理有關大陸事務。後經一年多的運作，大陸事務工作量急遽增加、也更繁雜，已非會報形式及少數兼職工作人員所能負荷；同時，政府為了強化大陸政策的決策功能及工作推動的效率，乃於1990年4月擬訂「行政院大陸委員會組織條例（草案）」。經立法院在1991年1月18日三讀通過、總統於1月28日公布施行，「行政院大陸委員會」（陸委會）因此正式成為政府統籌處理大陸事務的專責機關。

陸委會作為兩岸事務專責機構，成立20年來除了參與大陸政策制定與執行，在兩岸關係交流與互動中也扮演相當關鍵的角色，包括訂定與修訂「臺灣地區與大陸地區人民關係條例」、「臺灣地區與大陸地區人民關係條例施行細則」、「香港澳門關係條例」、「香港澳門關係條例施行細則」等相關法律條例之外，也據此訂定兩岸交流中攸關公權力事項的各項「許可辦法」、「管理辦法」、「作業辦法」、「注意事項」等兩岸各項交流規範。

由於兩岸關係涉及層面很廣，陸委會以委員會方式運作，主要負責全盤性大陸政策及大陸工作的研究、規劃、審議、協調及部分跨部會事項之執行工作；陸委會的業務工作重點主要在於整體大陸政策之研究與規劃、研訂兩岸關係相關法規、推動兩岸文教交流、循序推動兩岸經貿發展、協調處理兩岸人民糾紛及突發事件、落實港澳政策與強化港澳工作等[18]。

[18] 行政院大陸委員會網站。

陸委會隸屬於行政院，是負責統籌處理大陸事務的專責機關，目前，一般性的兩岸事務由行政院負責決策與執行，在決策形成過程中，各部會依職能承擔幕僚諮詢的工作，在陸委會綜合協調、審議，待行政院作成決策後，再交由各部會執行。另外，陸委會參與總統府、國安會的定期聯繫機制，也有對各部會及海基會授權、指示、監督的職責。根據行政院大陸委員會組織條例規定，陸委會對於地方政府處理兩岸相關業務、和經授權處理兩岸交流之中介團體，負有指示監督之責。

陸委會首長為主任委員，綜理會務；副主任委員3人，其中1人為特任、2人為政務職襄理會務，下設主任秘書及企劃、文教、經濟、法政、港澳、聯絡、秘書等七處，暨人事、會計、政風等三室，分別掌理有關業務及行政事項。另為統籌處理香港、澳門事務，分別於港、澳設有臺北經濟文化辦事處。

陸委會委員17人至27人，由行政院院長派兼或聘兼之，委員成員包括行政院秘書長、政務委員及內政部、外交部、國防部、財政部、教育部、法務部、經濟部、交通部、中央銀行、行政院新聞局、行政院衛生署、行政院海岸巡防署、行政院經濟建設委員會、行政院國家科學委員會、行政院農業委員會、行政院勞工委員會、行政院體育委員會、行政院金融監督管理委員會、國家安全局等機關首長。另亦聘總統府國家安全會議、國防部軍事情報局、法務部調查局、財團法人海峽兩岸交流基金會等單位首長為顧問；學者、專家為諮詢委員。

歷任陸委會主任委員為施啟揚、黃昆輝、蕭萬長、高孔廉（代理）、張京育、蘇起、蔡英文、吳釗燮、陳明通、賴幸媛、王郁琦。

陸委會在李登輝任總統時成立，當時兩岸關係緊繃，沒有密切接觸，陸委會與海基會的接觸多在法規制度訂定，及對大陸談判的方法研擬方面；但此時期，剛成立的陸委會與海基會磨合困難重重，從國民黨內「主流」與「非主流」間的派系鬥爭，演變為陸委會與海基會間的「海陸大戰」。

民進黨執政時期，中國大陸對當時總統陳水扁多所不滿，兩岸關係停滯，相關談判及交流中止，陸委會與海基會之間因此沒有太多相關業務；此外，當時民進黨雖執政，國內政局卻呈現「朝小野大」情勢，中央政府在兩岸關係上無法有太多開創性的作為。因此當時的陸委會與海基會的接觸，主要為因應加入WTO所需的相關法規修正，及一些初步的事務性協商，如春節包機、小三通等。不過也在這段期間，為了因應兩岸加入WTO的新局，及體現兩岸各項交流攸關民眾權益事項的規範交流秩序。2000年時政府開始大幅修訂「臺灣地區與大陸地區人民關係條例」，主要就兩岸協商、人員往來、兩岸通航、經貿交流及文教交流等事項之架構，進行整體性之檢討及調整，希望重新架構此一兩岸關係指導性的法律，建立合理開放、有效管理及落實執行的法律新機制[19]。

陳水扁時期的陸委會與海基會互動也受當時主事者性格

[19] 行政院大陸委員會網站。

作風影響。陳水扁第一任期，蔡英文接任陸委會主委，得到陳水扁極高的信任，兩岸政策基本上不會脫離陸委會的掌握[20]。在兩岸相關事務上，蔡英文也充分展現陸委會的主導性。

2000年6月20日陳水扁在總統就職滿月記者會上，以「沒有共識的共識」，解讀九二年香港會談的最後結果。陳水扁說：「如果要說有共識，那就是『沒有共識的共識』。」、「過去兩會的接觸、對話，協商與協議，只要有共識，都是既有基礎」。[21]但時任陸委會主委的蔡英文馬上在6月28日代表民進黨政府對陳水扁的說法做出「修正」，發表聲明指：「1992年12月，兩岸互派代表在香港舉行會談時，雙方曾針對如何解決『一個中國』問題進行具體討論，但無法獲致任何結論，因此，我方建議以『口頭上各自表述』的方式，暫時擱置此一爭議；中共[22]稍後也致電我方，表示『尊重並接受我方的建議』。這就是對於『一個中國』問題的爭議，兩岸願意以『口頭各自表述』來處理，各說各話最終成為兩岸共識的實際過程。所謂的『一個中國、各自表述』，就是我方描述此一過程的用語」[23]。陸委會的做法展現出蔡英文的強勢風格。

蔡英文的強勢風格也在2003年嚴重急性呼吸道症候群（SARS）期間表露無疑。當時總統陳水扁授權蔡英文以陸

---

[20] 辜樹仁，「賴幸媛 低調做全民主委」一文中說，「蔡英文任主委時很強勢，與層峰關係好。甚至行政院的手都不一定伸得進去。部會沒有配合好，還會打電話『關切』」，2008年9月24日，天下雜誌406期。

[21] 聯合新聞網，「阿扁執政實錄——92會談，92共識 扁政府態度轉變」，2008年4月22日。

[22] 此處「中共」指海峽交流基金會的對口，大陸海峽兩岸關係協會。

[23] 王銘義，「蔡否定九二共識也拒九二精神」，旺報2012年1月4日。

委會主委身分負責指揮統籌防災事宜，蔡英文統管境外管制組，讓內政部境管局、交通部民航局、港務局、和衛生署全在她的指揮調度下，完成境外入境控管的工作，獲得不少好評，但指揮其間作風強硬，包括內政、交通及衛生署等部會，都傳出不滿陸委會擅權的意見。[24]

不過也因為陸委會的強勢地位，加上當時兩岸接觸與談判相對較少，民進黨執政時的陸委會，從蔡英文到吳釗燮再到陳明通，與海基會的關係較李登輝時期相對穩定。

2008年馬英九當選總統，邀請前臺灣團結聯盟立法委員賴幸媛擔任陸委會主任委員，由於賴幸媛過去沒有擔任過相關職務的經驗，加上臺聯主張獨立的親綠背景，使這個決定受到國內政黨的猛烈批評，大陸國台辦對此沉默，但也招致不少猜測[25]。

不過，賴幸媛上任並沒有對兩岸交流協商造成太大影響，2008年後啟動兩岸制度化協商，海基會與海協會以一年兩次的進度協商、簽署協議，至成書前，已進行11次兩會會談，共簽署《海峽兩岸包機會談紀要》、《海峽兩岸關於大陸居民赴臺灣旅遊協議》、《海峽兩岸空運協定》、《海峽兩岸海運協定》、《海峽兩岸郵政協定》、《海峽兩岸食品安全協議》、《海峽兩岸空運補充協定》、《海峽兩岸金融合作協定》、《海峽兩岸共同打擊犯罪及司法互助協議》、《海峽兩岸漁船船員勞務合作協定》、《海峽兩岸農產品檢疫檢驗合作協議》、《海峽兩岸標準計量檢驗認證合

24 梁寶華，蔡英文最不願讓人知道的小秘密，「今周刊」377期。

25 周慧盈，賴幸媛人事案 北京涉臺人士：讓人費解，中央社，2008年4月30日。

作協議》、《海峽兩岸經濟合作框架協定》、《海峽兩岸知識產權保護合作協議》、《海峽兩岸醫藥衛生合作協議》、《海峽兩岸核電安全合作協議》、《兩岸投資保障和促進協議》、《兩岸海關合作協議》、《兩岸服務貿易協議》、《兩岸氣象合作協議》、《兩岸地震監測協議》、《海峽兩岸避免雙重課稅及加強稅務合作協議》、《海峽兩岸民航飛航安全與適航合作協議》等23項協議。兩岸商簽協議範圍更廣，後續執行的業務也更繁雜，牽涉到綿密的部會協調溝通，陸委會與海基會的互動及雙方關係因此在馬英九執政時期進入新的階段。

與民進黨執政時相比，馬英九執政期間，兩岸關係快速前進，達成許多具體成果，包括簽署協議、建立對話管道與默契等。但也因兩岸事務層面擴大、深化，使陸委會權力分散、功能大幅弱化，在各項兩岸相關事務上，陸委會缺乏決策權，甚至在部分議題上也喪失發言權。

表一：兩岸至今簽署協議

會談次數	時間	簽署協議
第一次	2008年6月12日	「海峽兩岸包機會談紀要」、「海峽兩岸關於大陸居民赴臺灣旅遊協議」
第二次	2008年11月4日	「海峽兩岸空運協議」、「海峽兩岸海運協議」、「海峽兩岸郵政協議」、「海峽兩岸食品安全協議」
第三次	2009年4月25日	海峽兩岸共同打擊犯罪及司法互助協議」、「海峽兩岸金融合作協議」、「海峽兩岸空運補充協議」
第四次	2009年12月25日	「海峽兩岸農產品檢疫檢驗協議」、「海峽兩岸漁船船員勞務合作協議」、「海峽兩岸標準計量檢驗認證合作」

第五次	2010年6月29日	「海峽兩岸經濟合作架構協議」、「海峽兩岸智慧財產權保護合作協議」
第六次	2010年12月21日	「海峽兩岸醫藥衛生合作協議」
第七次	2011年10月20日	「海峽兩岸核電安全合作協議」
第八次	2012年8月9日	「海峽兩岸投資保障和促進協議」、「海峽兩岸海關合作協議」
第九次	2013年6月22日	「海峽兩岸服務貿易協議」
第十次	2014年2月28日	「海峽兩岸地震監測合作協議」及「海峽兩岸氣象合作協議」
第十一次	2015年8月25日	「海峽兩岸避免雙重課稅及加強稅務合作協議」、「海峽兩岸民航飛航安全與適航合作協議」

資料來源：作者整理

第四節　海基會

海基會作為被委託授權的機關，是整個大陸政策體系中最前端的機構。

臺海兩岸關係複雜獨特，在沒有官方接觸，政府公權力無法直接介入處理的情況下，兩岸交流所衍生的問題必須透過一個具有民間性質、但由政府委託指定執行公權力的機構，來擔任中介的角色。1991年3月，由政府及部分民間人士共同捐助成立的「財團法人海峽交流基金會」（簡稱海基會）正式成立，推選辜振甫擔任董事長。同年12月，大陸也成立了相似性質的機構「海峽兩岸關係協會」（簡稱海協會），由汪道涵擔任會長，做為與海基會互動的窗口。隔絕近半世紀的兩岸關係，因為兩會聯繫與溝通管道的正式啟動，進入新的階段。

海基會是目前唯一依據「臺灣地區與大陸地區人民關係條例」（簡稱兩岸關係條例）第4條「行政院得設立或指定機構處理臺灣地區人民與大陸地區人民往來有關之事務」而成立與運作的機構，以行政院大陸委員會為主管機關，接受政府委託與授權，直接與大陸方面就涉及公權力行使的事宜進行聯繫與協商，成為政府大陸工作體系中重要的一環。

陸委會依民法第32條及陸委會組織條例第2條規定，對海基會的業務有指示、監督的權責。此外，陸委會與海基會在法律上的委託關係屬於特別監督程序，雙方的權利義務，均依照委託契約約定，其監督範圍以委託事項為限；雙方互動關係（如指示、履行、請求報告）均以委託契約為依據。至於其他相關部會，在委託授權事項之外，與海基會是協調、支援與協助的關係，著重在事務性的橫向聯繫，為功能取向。另在業務執行上，海基會主要是接受政府委託處理有關兩岸談判對話、文書查驗證、民眾探親商務旅行往來糾紛調處等涉及公權力的工作，因而必須接受國會監督。

海基會與大陸海協會於1991年開始展開正式的接觸與協商，並於1992年達成「一個中國，各自表述」的「九二共識」。1993年4月兩岸兩會的最高負責人在新加坡舉行了歷史性的「辜汪會談」並簽署四項協議，成為兩岸建立以對話協商解決交流問題的濫觴。其後兩岸政府也持續透過此一管道進行多次談判，雙方制度化協商的機制逐步確立。但隨著兩岸政治情勢的變化，海基會與大陸海協會之間的聯繫與協商機制也受到波及。1995年6月，大陸片面宣布中斷兩岸兩會的協商。其後兩會於1998年10月恢復互動，辜振甫赴大陸進行「辜汪會晤」。然而大陸當局於1999年7月又再度中斷海基會與海協會的聯繫與溝通，兩岸制度化協商也無從恢復。兩岸制度化協商中斷之後，海基會仍然依據政府的委託及民眾實際的需要，持續與大陸方面有關機構與團體保持聯繫，並提供民眾必要的協助。2005年1月，辜振甫過世，同年6月由行政院前院長張俊雄接任海基會董事長。2007年7月，張俊雄組閣後，由洪奇昌接任董事長；2008年5月，馬英九就職總統，指派江丙坤接任董事長、高孔廉接任副董事長兼秘書長。2012年9月，由林中森接任江丙坤董事長一職、2014年2月，陸委會副主委張顯耀兼任海基會秘書長、2014年9月，陸委會副主委施惠芬兼任海基會秘書長。

海基會是受政府委託執行公權力的民間機關，在李登輝執政時期，剛成立的海基會與陸委會的從屬關係仍沒有確立，海基會在兩岸談判桌上也較有發揮空間，對陸委會的限制頗有不服。海基會在前線，希望兩岸關係朝積極方向邁進；陸委會在後方，則希望兩岸關係不要逾越既有步調，以免造成國內不安。在這樣的情況下，陸委會與海基會展開長達三年的磨合，黃昆輝任陸委會主委的三年期間，連換四任海基會秘書長。直到兩岸關係轉壞，中斷協商業務後，陸委會與海基會才因此減少衝突。

陳水扁執政時期，大陸片面中止所有海基會與海協會的溝通協商，雙方溝通只靠傳真機，但海協會往往也沒有回應。這8年間，陸委會與海基會因兩會協商業務的停頓，彼此關係較李登輝時期和緩許多。雖然早期因「複委託」一事發生爭議，但在陸委會副主委及主任秘書分別兼任海基會秘書長與副秘書長後，陸委會與海基會幾乎沒有發生檯面上的爭執。

2008年馬英九執政，甫上任就積極與大陸展開兩岸制度化協商，也因應突然增加的兩岸協商交流業務，將海基會秘書長職務再獨立出來，由高孔廉接任。馬英九執政期間，兩岸至今已進行11次兩會會談，簽署23項協議，並逐漸建立起兩岸協議的協商分工模式：視協議內容，由兩岸各主管機關官員直接業務溝通，海基會逐漸退化為事務性、簽署協議的樣板角色；同時，陸委會與大陸國台辦的直接接觸愈來愈多，並建立常態高層互訪、聯繫機制，讓「海基會是否繼續存在」的議題浮上檯面。陸委會對此多次重申，在中國大陸仍無法直接承認中華民國官方身分之前，海基會角色重要，現階段沒有存廢問題。另一方面，兩岸兩會互設辦事機構也正在籌備，雖然辦事機構成員已可確定都由官員組成，但海基會的招牌仍需高懸。不過，海基會面臨的雖非存廢問題，功能喪失卻是不爭的事實。陸委會主委張顯耀在2014年2月兼任海基會秘書長，將海基會協商的功能攬進，海基會創會時的「協商、交流、服務」功能只剩「服務、交流」，隨著兩岸制度化關係轉變，海基會的轉型勢在必然。

第五節　陸策組與跨黨派小組

一、陸策組

海基會是因應兩岸關係發展而生的特殊機關，由政府委託並授權海基會此一民間機構與對岸接觸，無前例可尋，因此，直至海基會掛牌運作，海基會與主管機關陸委會之間的互動、協調、監督等機制都還處在摸索階段。為減少磨合，李登輝在國民黨中央黨部下成立「中央大陸工作指導小組」，由當時的秘書長宋楚瑜擔綱協調工作。其後，為了因應辜汪會談達成的協議，行政院決定建立一統合各部會，進行實質協調的機制；且為了提升行政院下的陸委會決策功能，當時的行政院長連戰將協調工作提升至行政院層次，由行政院在1993年7月成立「大陸工作策畫小組」（簡稱陸策組）。當時的行政院副院長徐立德擔任召集人，黃昆輝以陸委會主委身分兼任副召集人，成員包括李厚高、丘宏達、馬英九、江丙坤、宋心濂、戴瑞明、高孔廉、海基會秘書長邱進益等人。負責大陸政策的先期協調與統合工作。會議每週原則召開一次，必要時可加開臨時會議。除了固定成員，並視討論內容邀請有關人員參加。

陸策組成立後，當時的陸委會主委黃昆輝7月10日在立法院內政委員針對立委的質疑時說，陸策組是在決策形成前的諮商會議，政策體制仍以陸委會全體委員會為主。照規劃，陸策組的負責重大政策形成之前的協調工作，由總統府、國安會秘書長指導，邀請大陸政策相關部門首長列席，先形成各部會間的政策共識，再交由各部會具體實行。陸策組屬於協商諮詢的任務編組，小組的決定不具法律效力，必須將決議上呈行政院長核定，交由權責機關如陸委會來執行。不過，由於小組決策不具法律效力，且陸策組召集人徐立德身兼行政院副院長等多項職務，陸策組的運作並未發揮實質決策功能。行政院副院長徐立德在其回憶錄中也說：

我雖是召集人，但並不主動召集此項會議，每次召開會議都是依連院長指示或應陸委會要求，並選在週四行政院院會前，以早餐會議的方式進行……但陸策組在辜汪會談期間的確發揮諮詢協調效用，在兩岸政策推動如兩岸航運等問題，相關部會都在呈報行政院長核定前於陸策會交換意見。[26]

二、跨黨派小組

2000年陳水扁以相對多數贏得選舉，但深知民意基礎並不穩固，為平衡國內藍綠對立，陳水扁甫上任就提出組建跨黨派小組的想法並付諸實行，2000年6月26日陳水扁核定公布《跨黨派小組設置要點》，跨黨派小組在2000年8月14日成立[27]，目標是「凝聚全民共識、促進族群和諧、維護臺海和平及發展兩岸關係」；2000年9月2日舉行第一次會議，期間經過了7次會議後，於2000年11月底達成初步共識，提出了兩岸關係的「三個認知、四個建議」。但經陳水扁催生，李遠哲銜命領軍的跨黨派小組在當時遭遇在野黨的強力杯葛，雖名為「跨黨派」，在野黨無一人參加；抵制跨黨派小組外，在野黨在立法院成立自己的兩岸小組，同樣的，也無一執政黨人士加入，在野黨、執政黨壁壘分明。

26 徐立德，「情義在我心——徐立德八十回顧」，天下遠見，2010年，頁315-316。

27 跨黨派小組召集人是李遠哲，成員有白光勝、朱惠良、沈富雄、沈君山、吳豐山、吳東昇、明居正、林明成、林濁水、林子儀、范光群、洪冬桂、梁丹豐、陳添枝、曹興誠、黃崑虎、黃昭元、曾貴海、趙永清、蔡同榮、蕭新煌、顏建發。

幾近停擺的跨黨派小組於2001年8月屆滿後，原要組成五人遴選小組，重聘小組委員，但適逢立委改選，加上在野掣肘，歷時四個月，跨黨派小組成員仍然難產，實質上已然遭廢。

2002年2月21日，陳水扁出席臺商春節聯誼晚宴時表示，希望朝野各政黨能夠積極參與，重新啟動「跨黨派兩岸小組」機制；2004年2月，尋求連任的陳水扁再拋出重組跨黨派小組的構想，同樣邀請李遠哲擔任召集人之一，組成「兩岸九人小組」，官民各半。以提出「和平綱領」為目標，成立「兩岸和平穩定互動架構小組」最終希望組成「兩岸和平發展委員會」。但「兩岸和平穩定互動架構小組」在5月6日進行一次茶敘後就沒有下文，沒有再進一步的消息。

第二章
回顧：海陸互動

第一節　路線之爭海陸大戰——李登輝執政時期

一、國內政治因素

（一）主流非主流之爭

1988年1月13日蔣經國逝世，由李登輝接任總統，為體現黨政一元領導，中國國民黨在1月20日的中常會上，由當時行政院長俞國華提案，通過李登輝擔任代理黨主席，預計7月在十三全會正式真除。但蔣介石遺孀蔣宋美齡在此時致函國民黨秘書長李煥，信中認為黨內並無強有力領導，主張循孫中山逝世時的先例，由中常委輪流主持中常會。李煥與俞國華、總統府秘書長沈昌煥商議後，向李登輝報告新的事態變化，代理主席計劃決定延至27日；然而26日中常會前夕，蔣經國子蔣孝勇仍然自稱奉蔣宋美齡之命與俞國華聯繫，再次表達應該在蔣經國國喪期滿後，再討論代理主席的問題[1]。不過，27日的中常會仍然照常舉行，30名中常委聯署推舉李登輝出任代理主席案，扣除請假者，共27名中常委起立通過。1988年7月中國國民黨舉行十三全大會，李登輝當選黨主席，掌握黨務系統權力的李煥以第一高票當選中央委員，而時任行政院院長的俞國華卻落居35名，國民黨內因此傳出要求內閣改組的耳語。但李登輝仍續提李煥擔任國民黨秘書長，並支持俞國華續任行政院長，同時，也將內

[1] 鄒景雯整理，《李登輝執政告白實錄》，（臺北，印刻出版，2001年5月），頁64。

閣大幅改組，換上自己人馬，一些部門特別是外交、財經等都直接歸李登輝指揮。當時的內閣改組成員共17人，年齡都在50歲左右，學歷較高，其中有10人具有博士學位、7人是臺籍、8人是中常委，許水德、蕭天讚、「四大公子」錢復、陳履安、連戰、沈君山全部入閣。經調整的內閣成員，不少年輕、政壇資歷尚淺、與國民黨大老瓜葛不深，代表李登輝權力交班的想法。但隨後在立法院79會期總質詢期間，立委吳春晴在質詢時表示俞國華涉及包養酒家女，在政壇引起風波，俞國華最終在1989年5月遞出辭呈，李煥接任。李登輝多年後說，俞國華下台背後的操盤手是李煥[2]，背後代表的是國民黨務系統內的非主流勢力。

李煥當上行政院長後，與李登輝的關係愈形疏遠，在互信基礎薄弱的情況下，李煥與李登輝每週一下午三點在總統府的固定會面，時間愈來愈短。當年的總統府副秘書長邱進益說：「兩人到最後幾乎沒什麼話可聊，有時雙方草草結束，李煥擔心新聞界作文章，刻意繞到總統府其他辦公室打發時間，等到待得夠久了，才敢走出總統府」。[3]

主流非主流之爭到了1990年總統、副總統提名時更趨白熱化。當時的總統選舉是由國民大會代表投票產生，提名人選要考慮到國大的政治生態，以及省籍平衡等等現實要求，李登輝決定競選總統後，副總統提名人成為國民黨內政治人物競逐的焦點，行政院長李煥被外界視為當然人選

---

2 張炎憲，李登輝總統訪談錄，臺北：國史館、允晨，2008。

3 鄒景雯整理，《李登輝執政告白實錄》，（臺北，印刻出版，2001年5月），頁68。

之一，但李登輝不願再受黨內勢力掣肘，意欲提名「沒有聲音」的幕僚長李元簇，預定在2月11日國民黨臨中全會上提出。但在前一日，以李煥、林洋港、郝柏村等人為主的非主流派私下運作，準備在臨中全會集體投票，推出林洋港與陳履安搭檔正副總統，希望得到黨內正式提名，後來與當時的國民黨秘書長宋楚瑜為主的主流派，爭論「起立」或是「票選」的表決之下，以70對99宣告失敗。3月中旬，非主流派再度提出人選，想以國大代表連署之方式推出林洋港與蔣緯國搭檔，國民黨八大老[4]、省議會議長蔡鴻文等出面調停，林洋港隨後在3月9日下午在臺北賓館辭謝國代的推舉，國安會秘書長蔣緯國接著也在10日宣布退選。非主流派再度失敗，使林洋港與李登輝關係逐漸生變[5]。林洋港之後對外表示「徐圖三年之後發展」，並稱李登輝同意下任不再參選，將幫助林洋港競選。之後李登輝再撤下行政院長李煥，任命國防部部長的郝柏村接下行政院長職務，間接削去郝柏村的軍權。自後非主流派式微，李登輝掌握實權。

李登輝在1990年3月21日正式當選總統後，權力基礎方逐漸穩固。李登輝並任命蔣彥士籌劃舉辦國是會議，邀集包括在野的民進黨幹部在內各界成員，共同就包括國會改革、地方制度與政府治等議題進行討論；同時，並為李登輝進行大規模的政黨改造，也為其奠定正當性與民意支持的基

4 2月3日李登輝與八大老在官邸會面，八大老是經過雙方同意的黃少谷、袁守謙、陳立夫、辜振甫、李國鼎、倪文亞、謝東閔及蔣彥士。

5 林洋港日後稱「徐圖三年之後發展」，並對外表示李登輝以不再連任做為他退選的交換條件；1993年林洋港卸下司法院長後面見李登輝，李登輝遲到40分鐘，雙方談話時間不到1分鐘。

礎[6]。然而，儘管獲得一定的支持，李登輝仍無法完全掌握國民黨內部的各派山頭與勢力－例如軍隊。因此，李登輝一面延續蔣經國推動軍隊國家化的政策，更重要的是，他任命軍系權勢最大的郝柏村擔任行政院長，從而在政治權力上取得一妥協局面[7]。然而此一權力均衡並未維持太久，李登輝與郝柏村在包括經濟、兩岸等政策方針上時起衝突，矛盾逐漸檯面化。

（二）在野黨因素

李登輝宣布籌組國統會後，並未接受「自由民主統一委員會」更名要求，就已引起民進黨強烈反彈。民進黨新潮流系並對力主參與國是會議的美麗島系大加批判，朝野爭議再起。另一方面，國民黨的老立委則因國統會位階在陸委會之上，一致反對李登輝藉國統會擴權，凌駕行政院長郝柏村的職掌，黨內亦有掣肘。在國統綱領內容提出後，由於進一步預設統一的結果，再度引起民進黨批評。[8]

但讓反對黨反應最激烈的當屬1993年進行的辜汪會談。中華民國第二屆立委在1992年12月19日選出，在161席立委中（包含區域立委、不分區立委、僑選立委），國民黨96席，民進黨50席，中華社民黨1席，無黨籍7席，國民

6 吳文程（1996）。臺灣的民主轉型：從權威型的黨國體系到競爭性的政黨體系。臺北：時英出版社。

7 賴名倫，政黨菁英甄補之研究——以國民黨中常委為例（1993-2008），政大政治研究所碩士論文，2009年，頁39。

8 鄒景雯整理，《李登輝執政告白實錄》，（臺北，印刻出版，2001年5月），頁182。

黨員自行參選7席。民進黨得票率36.09%，首次取得超過三分之一席位。在立法院的聲勢大振，也開始積極參與政府大陸政策的監督與制衡。時任陸委會主委的黃昆輝在立法院內政委員會備詢時說，陸委會將成立諮詢委員會，延攬民進黨籍的諮詢委員；海基會秘書長邱進益也說，海基會要邀請民進黨人士擔任董事或顧問，參與海基會的運作[9]。3月15日民進黨立委質詢多集中在辜汪會談是否成為黨對黨談判、政治會商，也有立委要求辜汪會談後，辜振甫應向立法院報告；或讓國會議員參與辜汪會談[10]。民進黨立委張俊宏在立法院提出，將在民進黨黨團會議中提案邀請中共官員在第三地進行民進黨對共產黨的談判；但黃昆輝不贊成黨對黨談判，認為政府與政府談判才具有效力，任何一個黨去談什麼事不能代表政府。現階段政府委託民間團體海基會接觸商談，將來進入第二階段，才建立政府對政府溝通管道[11]。張俊宏的提議在隔天被民進黨立院黨團否定，當時民進黨內多數認為此刻貿然與中共接觸談判、或組團赴大陸，會引起民眾的疑慮，也有違民進黨一向反對「黨對黨談判」的立場。但民進黨積極參與大陸事務的意願仍然不變，民進黨中央依據中常會決議，在3月22日正式去函行政院陸委會與海基會，要求參與決策，並聲明不再堅持依選票比例分配。黃昆輝則回應，陸委會是行政機關首長組成的委員會議，不應有民進黨人士參與，若民進黨關心大陸事務，可以參與陸委

---

9 周梓萱，陸海兩會將邀民進黨人士參與，中國時報，1993年3月16日，一版。

10 周梓萱，陳水扁認會後辜應向立院報告，中國時報1993年3月16日，三版。

11 張銘坤，黃昆輝：現階段兩岸民間接觸反對黨對黨談判，青年日報，82年3月16日，三版。

會考慮設立的諮詢委員會；邱進益則說，只要是人才，不分黨籍，海基會都歡迎[12]。3月23日，民進黨立院黨團進一步決議，成立辜汪會談觀察團。3月25日，中共國台辦王兆國在八屆人大第一次會議中說，要結束分裂，實現統一，中共一貫主張國共兩黨談判，其他黨或團體的有代表性人士也可參加[13]。但對辜汪會談，王兆國說「沒聽過民進黨要來談的事，但雙方人員的問題由海基會海協會來協商，不存在與別人協商的問題」[14]。

中國大陸堅持國共談判的立場，使民進黨人士更不放心，聲言將積極監督和觀察。3月26日黃昆輝在立法院再度表示不希望民進黨的觀察團造成「黨對黨談判」的假象；時任陸委會副主委兼發言人高孔廉也說，為避免予人黨對黨談判的聯想及提高會談政治性，並尊重政府監督體制的運作，希望民進黨三思。但民進黨立院黨團仍決議，不論陸委會是否願意，都將堅持進入辜汪會談會場觀察。觀察團會議在26日做成三項決議，（1）以臺灣優先為原則，一切以臺灣人利益為準則；（2）進入會場觀察會議，以避免「祕密外交」；（3）若先期會議與正式會談在大陸舉行，要求政府協助取得落地簽證，若中共不允許，則要求政府改提在第三地舉行會議。[15]3月31日，立法院朝野兩黨黨團就民進黨觀

---

12 樊嘉傑、周梓萱，民進黨要求參與決策，擬積極介入兩岸事務，海陸兩會一迎一拒，中國時報，82年3月23日，二版。

13 王兆國：兩岸可以談結束敵對狀態，新華社，1993年3月25日。

14 郭宏治、王美惠，中共將加強統戰臺籍人士及民進黨員，聯合報，1993年3月26日，三版。

15 陳濟元、林慶祥、林守哲，黃昆輝：破壞責任政治制度，中央日報，1993年3月27日，二版。

察團一事進行協商，但因黃昆輝未能列席說明，改由副主委高孔廉代表參加，引起民進黨立委退席抗議，並決定結合民進黨中央擴大杯葛抗爭行動[16]。4月16日，行政院長連戰在立法院備詢，對辜汪會談是否同意朝野學者參加一事，回應說，立法院長劉松藩已轉達希望能由各界推薦學者參加，行政院和陸委會都非常尊重此一意見，海基會是民間中介團體有其立場，且海基會秘書長邱進益曾與海協會達成兩會專業人員不超過十人參與會談的協議，因此是否能由朝野推派學者參加仍無定論。陸委會一直在評估學者參加的必要性和可行性，一周內可作成決定[17]。民進黨立院黨團則決定維持組團觀察辜汪會談的原議，推舉臺大法律系教授林山田代表民進黨學者，擔任海基會顧問參與辜汪會談，但以「不介入、不干預、不背書」為原則[18]。

黃昆輝4月19日在「兩岸民間團體交流事務研討會上」說，辜汪會談基於事務性、技術性、功能性的考量，陸委會傾向於不同意增加一名學者參與，但將來如有專門的議題需要有專業背景的學者參與時，將會邀請學者參加。引來民進黨大為不滿，民進黨立院黨團總召集人施明德批評，若連代表團成員都要北京同意，中華民國政府豈不成為「兒政府」、李登輝豈不成為「兒總統」？立院黨團幹事長陳水

---

16 辜汪會談兩黨協商黃昆輝未出席宣告破裂，中時晚報，1993年3月31日，一版。

17 黃秀錦，是否准許學者參加辜汪會談 連戰：無定論，自立晚報，1993年4月16日，二版。

18 郭淑媛，以顧問名義參加辜汪會林山田接受民進黨推薦，自立晚報，1993年4月17日，二版。

扁也向立法院長劉松藩表示關切[19]；另一方面，民進黨也決定組成包括團長蔡同榮、團員尤宏、沈富雄、陳唐山、廖大林、劉文慶、黃昭輝、學者林山田等8人觀察團，欲前往新加坡觀察辜汪會談。陸委會主委黃昆輝在4月21日上午邀集執政的國民黨籍立委會商，會中決定不宜同意民進黨推舉學者林山田參與辜汪會談[20]。民進黨立院黨團決定升高抗爭層次，並要求立院安排辜振甫於周五前往立法院接受質詢。邱進益則在4月22日中午啟程，前往新加坡。辜汪會談前，當時的桃園縣長呂秀蓮帶著民眾到機場，不讓邱進益上飛機，呂秀蓮指著邱進益說，「不要出賣臺灣利益，不然就是臺奸，回來後要審判你」[21]。

同時，立法院當天上午舉行院會，民進黨強力杯葛中美著作權協定、及著作權法修正案的二讀程序；也因傳言辜振甫反對民進黨人士參與辜汪會談，民進黨立委也在立法院攻擊辜振甫「賣臺」[22]，要求撤換辜振甫[23]，否則將凍結陸委會年度預算。辜振甫提出強烈抗議並考慮辭去海基會董事長

19 劉在武，黃昆輝：辜汪會談可能不開放學者參與，中國時報，1993年4月20日，二版。

20 陳家傑，辜汪會談不開放學者參與幾可確定，聯合晚報，1993年4月21日，三版。

21 見訪談四。

22 李志宏，立委掀辜家賣臺紀錄促撤換辜振甫，臺灣時報，1993年4月23日，二版中報導：多位民進黨立委發言指責辜振甫，葉耀鵬說，外界對拒絕學者參與有多種版本，其實是辜振甫反對學者參與，辜家是賣臺家族，當年辜顯榮引日軍入臺，如今辜振甫要引中共入臺；尤宏說，「邱唐會談」是在談嫁妝，嫁妝就是全臺灣，「辜汪會談」是在談結婚日期，直接進入國統綱領長程計畫，最後結論是臺灣被迫嫁與中共，陷入萬劫不復境地；陳水扁則要求辜振甫為其父賣國求榮行為道歉、辭去執政黨中常委、取消辜汪會談。

23 游其昌，辜汪會談拒絕學者民進黨將採必要手段監督會談，聯合報，1993年4月22日，三版。

職務，退出辜汪會談，經政府強力慰留。辜振甫說：

> 「我做什麼事全由陸委會授權，我根本不能說讓或不讓學者參加會談，不要把所有事都推說是某人的意見或主張，這並不公平。不讓學者參加會談的，很簡單，當然是陸委會。」[24]

民進黨4月23日上午在立法院以冗長發言杯葛議事，院會主席劉松藩因此宣布休息十分鐘，展開朝野協商，討論是否安排辜振甫在次日到立法院作辜汪會談前的報告，後來協商破裂，民進黨繼續杯葛議程，兩個多小時後宣布散會[25]。辜汪會談期間，多名民進黨人士組成宣達團赴新加坡表達訴求，臺灣駐新加坡代表處於在4月26日在佛萊士酒店舉行酒會歡迎海基會代表團。宣達團成員立委黃昭輝上前與辜振甫握手致意時說：「不要出賣臺灣。」辜振甫說：「我不會做有損臺灣的事，也沒有這個能力。」黃昭輝接著說：「大家都表示顧慮」[26]。最後酒會在民進黨人士與反共愛國陣線人士互相衝突下結束。4月27日上午9時，民進黨宣達團在海皇大廈門口向中外記者散發「獨立建國綱領」，稍後大陸海協團到達海皇大廈，宣達團成員向汪道涵遞出「獨立建國綱領」，但汪道涵沒有伸手接。[27]

---

[24] 辜振甫專訪，自立晚報，4月23日。

[25] 游其昌，官員枯坐一上午不到中午十二點立院總質詢表決散會，聯合報，1993年4月24日，四版。

[26] 樊嘉傑，中國時報，1993年4月27日。

[27] 郭淑敏，自立晚報，1993年4月27日。

李登輝在推動兩岸高層次對話的「辜汪會談」時，遭到民進黨的反對。但李登輝同時運用民進黨牽制大陸，避免政治對話走得太快。

二、外部兩岸關係

1990年年李登輝當選總統後，在就職演說中表示將儘快結束動員戡亂時期，如果中共推行民主政治及自由經濟制度、放棄對臺動武、不阻撓我國「在一個中國的前提下開展對外關係」，願以對等地位建立溝通管道及開放交流：

> 如果中共當局能體認世界大勢之所趨及全體中國人的普遍期盼，推行民主政治及自由經濟制度，放棄在臺灣海峽使用武力，不阻撓我們在一個中國的前提下開展對外關係，則我們願以對等地位，建立雙方溝通管道，全面開放學術、文化、經貿與科技的交流，以奠定彼此間相互尊重、和平共榮的基礎，期於客觀條件成熟時，依據海峽兩岸中國人的公意，研討國家統一事宜。[28]

同年9月，李登輝成立國家統一委員會，宣示追求中國統一的立場。

1991年1月28日，行政院大陸委員會成立；2月1日，海峽交流基金會成立，成為代替兩岸官方對話的「白手套」；2月22日，國統會通過國統綱領，強調統一的時機與方式

[28] 中華民國第八任總統就職演說，總統府網頁。

「首應尊重臺灣地區人民的權益並維護其安全與福祉，在理性、和平、對等、互惠的原則下分階段逐步達成。」並對兩岸統一設定近程交流互惠、中程互信合作、遠程協商統一等三個階段。4月30日李登輝宣布結束動員戡亂時期，將中共定位為對等政治實體，不再視為叛亂團體，並呼籲中共承認現實、展現善意，放棄對臺動武；並在1992年7月31日簽署公布「兩岸人民關係條例」，確立與大陸交往協商的法源與規則。1991年12月16日，中華人民共和國成立海峽兩岸關係協會，與海基會對口，開啟兩岸關係制度化的第一步，將兩岸互動納入法制及兩會的協商機制中運作。但當時中國大陸對兩會接觸的互相定位問題仍然堅持，在兩岸兩會事務協商過程中，「一個中國」議題被一再拿出來討論。為了建立兩岸共同的談判基礎，國統會在1992年8月1日第8次會議通過「關於『一個中國』的涵義」：

一、海峽兩岸均堅持「一個中國」之原則，但雙方所賦予之涵義有所不同。中共當局認為「一個中國」即為「中華人民共和國」，將來統一以後，臺灣將成為其轄下的一個「特別行政區」。我方則認為「一個中國」應指一九一二年成立迄今之中華民國，其主權及於整個中國，但目前之治權，則僅及於臺澎金馬。臺灣固為中國之一部分，但大陸亦為中國之一部分。

二、民國三十八年（公元一九四九年）起，中國處於暫時分裂之狀態，由兩個政治實體，分治海峽兩岸，乃為客觀之事實，任何謀求統一之主張，不能忽視此一事實之存在。

三、中華民國政府為求民族之發展、國家之富強與人民之福祉，已訂定「國家統一綱領」，積極謀取共識，開展統一步伐；深盼大陸當局，亦能實事求是，以務實的態度捐棄成見，共同合作，為建立自由民主均富的一個中國而貢獻智慧與力量。

兩會在1992年10月舉行香港會談，臺灣提出以口頭聲明方式各自表述一個中國內涵，並提出三項表述方案。海基會在11月3日發出新聞稿：「對『一個中國』原則......本會經徵得主管機關同意，以口頭聲明方式各自表達，可以接受。」1992年11月16日海協會正式來函，引述海基會在香港會談提出的表述內容，同時提出陸方表述內容後稱：「11月3日貴會來函正式通知我會，表示『已徵得臺灣有關方面的同意，以口頭聲明的方式各自表達』。我會充分尊重並接受貴會的建議，並已於11月3日電話告知陳榮傑先生。」[29] 在達成兩岸「一個中國，各自表述」的共識後，海基會董事長辜振甫與海協會會長汪道涵1993年4月27至28日在新加坡舉行「辜汪會談」。

辜汪會談國際矚目，為再重申立場，中國大陸在1993年8月發表「臺灣問題與中國統一」白皮書，這是中共政權成立以來第一次系統性地論述「臺灣問題」，闡明中共關

[29] 陳錫蕃，鄭安國主編，「『一個中國，各自表述』的史實」，臺北：國家政策研究基金會，2011年10月，頁13。

於統一問題，以及在國際事務中處理涉及臺灣問題的方針政策。其中值得注意的是[30]：

（一）「臺灣問題與中國統一」白皮書對美國批評甚多，且闡述美國在「臺灣問題」上的態度，可謂大陸已將美國視為解決臺灣問題的重要因素之一，並透露出在意美國未來在兩岸關係發展所扮演的角色。

（二）「臺灣問題與中國統一」白皮書對於「臺獨」傾向的批評是有史以來最具系統性、且最嚴厲的一次，反映出中共對於「臺獨」已有高度戒心。

（三）「臺灣問題與中國統一」白皮書不僅嚴密觀察「臺獨」的發展，也十分注意臺灣民情民意，如：「臺灣同胞要求當家作主、管理臺灣的願望是合情合理的、正當的，但這不同於『臺灣獨立』，更與極少數堅持要走『臺獨』道路的人有著根本的區別。」

雖然大陸發表白皮書，但當時兩岸關係因為辜汪會談而漸趨和緩。不過，李登輝也在這段期間積極推動「務實外交」；1994年3月接受日本作家司馬遼太郎（本名福田定

[30] 陳蓋武，李登輝主政時期（1988~2000）大陸政策演變之研究，臺北市，2008年，頁31。

一）專訪時傳達出強烈的臺灣主體意識[31]，中共因此相當不滿。1995年1月30日，時任中共中央總書記、大陸國家主席的江澤民發表「為促進祖國統一大業的完成而繼續奮鬥」講話，當中提到兩岸在「一個中國」的原則下先就「正式結束敵對狀態」談判並達成協議、促進三通、樂意與「臺灣當局的領導人」互訪等發展兩岸關係、推進中國和平統一進程的八項主張，被稱為「江八點」[32]。

李登輝接著於1995年4月8日回應「江八點」提出「李六條」，指兩岸應：

（一）在兩岸分治的現實上追求中國統一。

（二）以中華文化為基礎，加強兩岸交流。

（三）增進兩岸經貿往來，發展互利互補關係。

---

[31] 李登輝在總統府接受司馬遼太郎的專訪，見面後的第一句話就說：「司馬先生，我有很多話想跟你說」，隨後李登輝以「生為臺灣人的悲哀」為主題與司馬遼太郎長談。

[32] 江八點主要內容為：

（一）堅持一個中國的原則，是實現和平統一的基礎和前提。

（二）對於臺灣同外國發展民間性經濟文化關係，我們不持異議。

（三）進行海峽兩岸和平統一談判，是我們的一貫主張。

（四）努力實現和平統一，中國人不打中國人。

（五）面向二十一世紀世界經濟的發展，要大力發展兩岸經濟交流與合作，以利於兩岸經濟共同繁榮，造福整個中華民族。

（六）中華各族兒女共同創造的五千年燦爛文化，始終是維繫全體中國人的精神紐帶，也是實現和平統一的一個重要基礎。

（七）兩千一百萬臺灣同胞，不論是臺灣省籍還是其他省籍，都是中國人，都是骨肉同胞、手足兄弟。

（八）我們歡迎臺灣當局的領導人以適當身份前來訪問；我們也願意接受臺灣方面的邀請，前往臺灣。

（四）兩岸平等參與國際組織，雙方領導人藉此自然見面。

（五）兩岸均應堅持以和平方式解決一切爭端。

（六）兩岸共同維護港澳繁榮，促進港澳民主。

兩岸雙方在經貿實務上都有增進往來的共識，也都同意中華文化是共同的基礎；但在李六條指出，兩岸和平參與國際組織的機會愈多，愈有利於雙方關係發展與和平統一進程；江八點則認為，「中國人的事情自己辦，不需要藉助任何國際場合」、反對臺灣以搞「兩個中國」、「一中一臺」為目的的所謂「擴大國際生存空間」的活動。「江八點」與「李六條」看似兩岸更進一步和解的宣示，但其實兩岸關於彼此國家身分的認定、歷史分治的客觀事實等方面仍有相當歧見。

1995年6月李登輝訪美，在美國康乃爾大學發表「民之所欲，長在我心」演說，大陸方面極為不滿，片面宣布推遲第二次辜汪會談，並中斷兩會制度性協商機制，新華社更在7月18日報導，解放軍將在7月21日至28日在彭佳嶼附近的公海試射飛彈。除此之外，中國大陸媒體也展開「文攻」攻勢，1995年6月，人民日報和新華社評論員先後發表了四評李登輝在康乃爾大學的演講和四評李登輝的臺獨言行共8篇文章。大陸國台辦[33]及其他報刊、電視台、廣播電台也針對李登輝作出攻擊。8月15日至25日，解放軍又在東海進行

[33] 國務院臺辦發言人表示，大陸發動文攻的目的在於揭露李登輝的臺獨真面目，批判李登輝「挾洋自重、分裂祖國」的行徑，華夏經緯網http://big5.huaxia.com/2003617/00003255.html

第二次飛彈及火砲射擊演習，但中共的文攻武嚇沒有影響1996年臺灣舉行第一次民選總統選舉，也沒有影響李登輝尋求連任的準備；1996年3月18日中共展開第三波的軍事演習，直接向臺灣南北兩端的基隆與高雄外海試射M族飛彈，在國際社會引起很大關注，美國因此派出獨立號及尼米茲號2個航空母艦艦隊到臺海附近巡航。

事後評論認當時中共的文攻武嚇造成反效果。李登輝高票連任總統後，在就職演說中呼籲結束敵對狀態，並表示願意赴大陸展開和平之旅，與大陸最高領導見面[34]，但大陸不予回應。其後。兩會於1998年4月恢復互動，並促成同年10月辜振甫赴大陸進行「辜汪會晤」；隨後，兩岸積極規劃汪道涵在1999年秋天訪臺，雙方對此都頗有期待。但1999年7月，李登輝接受德國之聲專訪時提出「兩岸是特殊的國與國關係」論（兩國論），汪道涵的訪臺行程立刻叫停，兩岸關係再陷緊繃[35]。2000年1月江澤民在元旦講話中提到「寄希望於臺灣當局、寄希望於臺灣人民」。但接著1月28日大陸副總理錢其琛在「江八點」五週年時表示「臺獨就是戰爭」；2月21日國台辦發表「一個中國的原則與臺灣問題」白皮書中提到，若「臺灣當局無限期地拒絕通過談判和平解決兩岸統一問題」、「中國政府只能被迫採取一切可能的斷然措施，包括使用武力」。

[34] 中華民國第九任總統就職演說，總統府網站。

[35] 雖然政治諸多波折，兩岸兩會從1992年到1999年7月9日中斷為止，還是共進行22次的對話協商，對日後兩會交流協商有建立制度的作用。

三、大陸決策體系

大陸政策一直以來是總統職權，決策權也是總統獨有，總統在大陸政策的幕僚因此也相當重要。

李登輝在1990年成立國家統一委員會，設立國統綱領，初期構想是以國統會作為大陸事務決策諮詢機關，但國統會運作不如預期，沒有權責，沒有法源依據。最終淡化為形式上的跨黨派諮詢機構。在這段期間，李登輝的大陸政策經過黨與行政院。李登輝在國民黨中央黨部下成立「中央大陸工作指導小組」（簡稱陸指組），由國民黨秘書長擔綱協調工作。但陸指組很少開會，主事者都是國民黨內大老，沒有實質決策功能，相關大陸決策是在陸指組下、1993年7月成立的「大陸工作策畫小組」（簡稱陸策組）進行協調、統合、決策。陸策組由當時的行政院副院長徐立德擔任召集人，黃昆輝以陸委會主委身分兼任副召集人，每周四開會，成員包括國安局、行政院相關部會、海基會及國民黨秘書長等高層人士，負責大陸政策的先期協調與統合工作，達成決定後，再交由陸委會統籌各部會各自規劃執行、海基會出面協商談判，且因應緊急事件可加開臨時會議，成員也隨討論議題有所變動。

在辜汪會談後，最高決策單位轉向國家安全會議，李登輝定期召開國家安全會議，組織各部會代表，決定國家大政方針、國防、外交、兩岸等，定下決策後再交各部會各自提案修法；涉及兩岸協商談判時，也由國安會召集，談判策略小組包括國安會秘書長、外交部長、新聞局長、國安局長、陸委會、海基會等代表，召開集會協調，以便發言一致。

四、當時大陸政策

李登輝在1990年中華民國第八任總統就職典禮上，針對兩岸議題有如下表示：

> 臺灣與大陸是中國不可分割的領土，所有中國人同為血脈相連的同胞。當此全人類都在祈求和平、謀求和解的時刻，所有中國人也應共謀以和平與民主的方式，達成國家統一的共同目標。在此全世界共產國家，包括蘇俄在內，都紛紛宣布放棄一黨專政與共產經濟體制之時，中共實在沒有任何理由，也沒有任何力量，長期抗拒此一潮流。我們誠摯地希望，中共能認清時勢，面對未來，放開腳步，勇敢地朝向政治民主化、經濟自由化與社會多元化的目標邁進。
>
> 登輝願在此鄭重宣示，如果中共當局能體認世界大勢之所趨及全體中國人的普遍期盼，推行民主政治及自由經濟制度，放棄在臺灣海峽使用武力，不阻撓我們在一個中國的前提下開展對外關係，則我們願以對等地位，建立雙方溝通管道，全面開放學術、文化、經貿與科技的交流，以奠定彼此間相互尊重、和平共榮的基礎，期於客觀條件成熟時，依據海峽兩岸中國人的公意，研討國家統一事宜。

同年9月，李登輝成立國家統一委員會，宣示追求中國統一的立場；隔年1991年1月28日，成立行政院大陸委員會；2月1日，做為兩岸對話白手套的海峽交流基金會成立；2月22日，國統會通過國家統一綱領，對兩岸統一設定近程交流互惠、中程互信合作、遠程協商統一等3個階段。4月30日李登輝宣布結束動員戡亂時期，將中共定位為對等政治實體，不再視為叛亂團體，並呼籲中共承認現實、展現善意，放棄對臺動武；並在1992年7月31日簽署公布「兩岸人民關係條例」，確立與大陸交往協商的法源與規則。為了建立兩岸共同的談判基礎，國統會在1992年8月1日第8次會議通過前述「關於『一個中國』的涵義」

李登輝當時權力尚未完全鞏固，在對兩岸有自己的一套務實想法，在他第一任期，兩岸政策基本仍是以統一為目標，但李登輝期望提高民主政治及自由經濟制度在兩岸統一中的影響力。在這段期間，面對中國大陸，他做為中華民國總統的任務是儘速推動兩岸關係的正常化，並以之為兩岸和平統一的基礎，其次，加速完成臺灣內部的政治改革以強化臺灣在兩岸民主統一的關鍵作用。[36]相較之下，李登輝沒有蔣經國時代「漢賊不兩立」的包袱，這段期間包括結束動員戡亂時期、廢除臨時條款、推動務實外交等做法，一方面代表對中共政權釋出的善意，另一方面，也代表正視中華民國並不統治全中國的事實，尋求兩岸相互承認。

李登輝在1996年的大陸政策思維有幾個主軸：

[36] 陳蓋武，李登輝主政時期（1988~2000）大陸政策演變之研究，臺北市，2008年，頁34。

（一）主張臺灣與大陸的關係不可分，並反對臺獨。李登輝繼任總統後的首次記者會上表示，「臺獨問題從歷史上看起來，就民主與中國的傳統來說，是不能存在的」、「在國際上及內部都沒有辦法生存，特別是民眾並未支持它」。之後李登輝也多次在公開場合發言反對臺獨。1991年李登輝在接受《美國之音》專訪時說：「在臺灣的臺灣人或外省人都是中華民族的一份子，我們不能切斷與中華民族關係，也不能切斷與中華文化的關係。再從現實利益來看，臺灣未來經濟的發展，不能侷限於一個小島，必須有大陸做為腹地來支持，認清了歷史文化與經濟利益之後，所謂『臺獨』自然得不到人民的支持，自然也就消失於無形。」[37]

（二）強調以「臺灣經驗」來「和平演變」大陸，以三民主義統一中國。如他曾公開表示：「臺灣應勇敢地迎向前去，承擔起主導中國命運的重責大任，重建一個自由、民主、均富、統一的新中國。」[38]

（三）主張確立兩岸「對等政治實體」的架構。李登輝認為，目前沒有統一的條件。[39]但兩岸同時各有自己的管轄領域和國際活動空間，李登輝

[37] 行政院新聞局，《李登輝先生八十年言論選集》，第121頁。
[38] 行政院新聞局，《李登輝先生八十年言論選集》，第270頁。
[39] 行政院新聞局，《李登輝先生八十年言論選集》，第225頁。

希望以放棄擁有全中國領土的虛幻所有權、放棄與中華人民共和國爭奪中國正統的地位作條件，交換對方承認臺灣為對等的政治實體。[40]

（四）在兩岸對等、確保臺灣安全與利益優先的前提下，發展兩岸民間交流，以交流促變。李登輝1993年接見僑領時說：「假如我們的隔壁住了一個壞鄰居，不理他是不能解決問題的，就算這一代不來往，也要讓下一代相互往來，這樣才能藉由相互的瞭解，化解衝突，兩岸的交流也是同樣道理」、「本人堅信，中國必須走我們走的道路，也就是說，臺灣發展的歷程，正是未來中國大陸必須借鏡的經驗」。[41]

在1995年6月李登輝訪美以前，兩岸關係逐步走向和緩，兩岸高層透過密使往來，建立互信，成功進行了第一次辜汪會談，但1995年6月李登輝訪美，在美國康乃爾大學發表「民之所欲，長在我心」演說，大陸方面極為不滿，片面宣布推遲第二次辜汪會談，並中斷兩會制度性協商機制；同時，也發動多波「文攻」、「武嚇」，但都不具成效，李登輝在1996年3月當選中華民國第九任總統，兩岸關係急遽惡化。雖然李登輝仍然不放棄與中共對等協商談判的希望，但大陸沒有表現出善意，1996年4月以來，大陸喊出「以商圍

[40] 施正鋒，臺灣在「李登輝時代」的民主轉型，http://faculty.ndhu.edu.tw/~cfshih/conference-papers/20030924.htm

[41] 中央日報，「李總統：推動兩岸關係朝野要有共識」，1993年4月27日，三版。

政」、「以民逼官」的統戰策略，希望拉攏臺灣工商界人士，對李登輝形成牽制作用。對此，李登輝於1996年9月4日做出回應，提出「戒急用忍」。他在「第三屆全國經營者大會」致詞時說：

「今年總統選舉期間，中共中止了兩岸間既成的聯繫溝通管道，並發動文攻武嚇，意圖影響選舉，結果目的未能得逞。如今，又刻意採取『冷處理』的手法，『以民逼官』、『以商圍政』的手段，對我政府施壓，企圖提升我社會各界的焦慮感。針對這種情勢，我們更必須秉持『戒急、用忍』的大原則，來因應兩岸當前的關係」。[42]

李登輝在1996年中華民國第九任總統就職典禮上，針對兩岸議題有如下表示：

六年來，在確保臺澎金馬安全與維護全民福祉的前提下，我們無時不以積極主動的作為，務實雙贏的思考，發展兩岸關係，推進國家統一大業。但是，由於中共始終無視於中華民國在臺澎金馬地區存在的事實，致使海峽兩岸關係的發展，時生波折。

去年以來，為了反對民主，中共對登輝個人發動一波又一波「欲加之罪、何患無辭」的誣衊，但是登

[42] 《李登輝登輝先生八十五年言論選集》（臺北：行政院新聞局，1997年6月出版），231頁。

輝忍辱負重，不予理會。因為以其人之道還治其人，解決不了累積五十年的歷史問題。

為了影響我們第一次民選總統的選情，中共進行一次又一次的軍事演習，但是我們表現了無比的自制。因為我們知道必須維持亞太地區的和平安定，更重要的是，我們不願意看到中國大陸改革開放後，好不容易建立起來的經濟成果，前功盡棄。兩千一百三十萬同胞的堅忍，不是懦弱。因為我們深信，和平寬容是化解對立仇恨的唯一手段。我們不會受威脅而談判，但是絕不畏懼談判。我們主張，只有透過對談溝通，才能真正解決海峽兩岸的問題。

中華民國本來就是一個主權國家。海峽兩岸沒有民族與文化認同問題，有的只是制度與生活方式之爭。在這裡，我們根本沒有必要，也不可能採行所謂「臺獨」的路線。四十多年來，海峽兩岸因為歷史因素，而隔海分治，乃是事實；但是海峽雙方都以追求國家統一為目標，也是事實。兩岸唯有面對這些事實，以最大的誠意與耐心，進行對談溝通，化異求同，才能真正解決國家統一的問題，謀求中華民族的共同福祉。

今天，登輝要鄭重呼籲：海峽兩岸，都應該正視處理結束敵對狀態這項重大問題，以便為追求國家統一的歷史大業，作出關鍵性的貢獻。在未來，只要國家需要，人民支持，登輝願意帶著兩千一百三十萬同胞的共識與意志，訪問中國大陸，從事和平之旅。同時，為了打開海峽兩岸溝通、合作的新紀元，為了確保亞太地區的和平、安定、繁榮，登輝也願意與中共最高領導當局見面，直接交換意見。

李登輝就任後的兩岸政策堅持中華民國是主權國家，與大陸對等地位談判，也釋出訪陸的意願，但兩岸關係在李登輝這一任期陷入低潮，大陸在外交、經濟、安全方面持續壓迫，李登輝的務實外交窒礙難行，使他漸感不耐；另一方面，李登輝在1996年成為中華民國第一任民選總統後，聲勢大增，施政已沒有阻力，擁有比過去更絕對的權力。種種因素使李登輝開始思考中華民國主權及國家定位問題。

李登輝認為，「中共持續在國際上打壓我們，否認中華民國是一個主權獨立的國家，這既不公平，也不符事實；中共以大國姿態壓縮我們的國際空間，臺灣的國際人格將會逐漸喪失」。[43]他因此想在國際上找一些法律專家，在法理上證明臺灣不是中華人民共和國的一部分。1998年8月，李登輝欽點蔡英文成立「強化中華民國主權國家地位」小組，由當時的國安會兩位諮詢委員張榮豐、陳必照與總統府副秘書長林碧炤擔任小組顧問。小組研究報告在1999年5月完成，前言即明確定位兩岸至少應為「特殊的國與國關係」；報告提出，臺灣經過1991、1992年修憲，並1996年由人民選出總統後，中華民國與中華人民共和國共存於世界，中華民國並不擁有中國大陸的主權，中華人民共和國的主權也不及於

[43] 鄒景雯整理，《李登輝執政告白實錄》，（臺北，印刻出版，2001年5月），頁222。

臺灣，未來兩岸的政治談判應該在此基礎上進行。建議政府部門對外文告與國際說帖，應遵從新的定位概念，有關「中共」、「兩個政治實體」等用語，將通盤修正為中華人民共和國、兩個國家等。這份研究報告獲得李登輝的高度認同，在國安會、陸委會、外交部等部會尚未形成共識、提出配套做法前，李登輝已率先在1999年7月9日接受「德國之聲」專訪時，首度提出，將兩岸關係定位為國家與國家、至少是「特殊國與國關係」的關係。

這次訪談被理解為「兩國論」，震動國際，中國大陸隨即決定無限期延長海協會會長汪道涵原定10月訪臺的行程，美國行政部門則施加強大壓力要求臺灣重新回到「一個中國」的軌道。強大的後座力使「特殊國與國關係」最後只以國家元首的口頭宣示收場，直到2000年5月20日政權交替，特殊國與國關係沒有再被當作政策提出。

五、領導人因素

李登輝卸下總統職務後，因一連串國內政治變化，離開國民黨，受主張臺獨的政黨「臺灣團結聯盟」奉為精神領袖，李登輝因此被許多人歸類為「臺獨派」，但李登輝在總統任內，並沒有公開表示對臺灣獨立的支持，唯有對維護臺灣主體性有相當多論述。

李登輝在《臺灣的主張》一書中說：

> 所謂的「『臺灣認同』到底是什麼呢？有人會認為是臺灣獨立。但是，我認為，即使臺灣的國際地

位必須明確化，卻不一定要拘泥於「獨立」，反而是將「中華民國臺灣」或者是「臺灣的中華民國」實質化，才是當務之急。我在推動政治改革時，曾經提出「中華民國在臺灣」，將臺灣的統治權限定在臺灣、澎湖、金門和馬祖，暗示不及於中國大陸。雖然有人因而批評我，無意保有與大陸的整體關係。但是，我認為，臺商必須先確實立穩腳步才行。如果臺灣本身的認同不明確，又何以考慮大陸問題。

因此，最重要的是，臺灣必須先取得國際間的認同與地位，至於思考中國整體的問題，則是以後的事。[44]

他在書中提出對大陸的「六項主張」[45]：

第一、雖然未來的中國只有一個，但現在的中國是「一個分治的中國」。中華民國於1912年即已成立，1949年之後，雖然播遷臺灣，但中共政權的管轄權從未及於臺灣。臺海兩岸分由兩個不同的政治實體統治，是一個不容否定的客觀事實。

第二、中國的再統一應該循序漸進，水到渠成，不說時間表，視大陸地區的民主化與兩岸關係的發展，決定「和平統一」的進程。

[44] 李登輝，「臺灣的主張」，遠流，1999年5月20日，頁62-63。

[45] 李登輝，「臺灣的主張」，遠流，1999年5月20日，頁159-160。

第三、在統一前，中華民國在臺灣的人民應該擁有充分自衛的權利。這是二千一百八十萬人民與生俱來的權利，也是維護臺灣地區民主化成果，促進大陸民主化的必要力量。

第四、在統一前，中華民國在臺灣的人民基於生存、發展的需要，應該像五〇年代、六〇年代一樣，充分享有參與國際活動的權利，讓兩岸人民有平等的機會，為國際社會貢獻心力。

第五、海峽兩岸應擴大交流，增進兩地繁榮，並以合作取代對立，以互惠化解敵意，為將來的和平統一奠定有利基礎。

第六、海峽兩岸應以彼此對等、相互尊重為原則，充分溝通，求同化異，在分治中國的現實基礎上，協商並簽署兩岸和平協定，結束敵對狀態，以促進兩岸和諧，維護亞太安定。

李登輝的決策幕僚裡不斷有多個類似的專案小組在運作，研究的題目很多，也常提出研究報告[46]。1998年春天，由於美國傳出「中程協議」主張、中共逐漸窄化「一個中國」定義、辜振甫又將赴大陸參訪，一個由國安會諮詢委員蔡英文召集的研究小組便對「政治實體」的定位基調做了檢討報告。李登輝看過後相當認同，便指示成立一個層次更高的「強化中華民國主權國家地位專案小組」。事後，小組研

[46] 張慧英，李登輝1988~2000執政十二年，天下遠見出版股份有限公司，2000年，頁199

議出以「特殊國與國關係」為兩岸關係定位，李登輝相當認同，卻也引發後續兩岸關係振盪。

雖然兩岸統一是明載於國統綱領中的遠程目標，但在兩岸尚未統一前，李登輝在其任內突顯臺灣是「政治實體」，並要求與中國大陸對等談判，也因此，在攸關主權的各項議題上，李登輝是寧收勿放的。另一方面，李登輝也是強勢領導人，在他內心已有定論的兩岸議題上，「一把抓」的意圖也較明顯。在郝柏村擔任行政院長時期，總統府與行政院就在大陸政策方面多有角力，李登輝在總統府成立了國統會，也在國民黨內成立「大陸工作指導小組」；李登輝找相當信任的黃昆輝出任陸委會主委一職，黃昆輝貫徹李登輝的大陸政策，作為兩岸接觸的煞車，也因此在許多事情上，與海基會看法不同，迭有衝突。

六、兩岸談判方式

海基會在1991年3月成立後，在政府授權下，希望就兩岸文書查證問題與大陸溝通。同年12月成立的海協會，也於成立一個月後去函海基會，表明接受大陸當局委託與海基會進行協商。兩會於是在1992年3月，在北京舉行第一次文書查證與掛號郵件遺失查詢補償會商，但海協會堅持將「一個中國原則」放入協議裡，使協商陷入僵局，海基會、海協會雙方於是在會談中各自表達政府立場，協商無功而返。為了解決「一個中國」問題，1992年8月1日，國統會通過「關於『一個中國』的涵義」決議，當中表明：

「海峽兩岸均堅持『一個中國』之原則，但雙方所賦予之涵義有所不同。中共當局認為『一個中國』即為『中華人民共和國』，將來統一以後，臺灣將成為共轄下的一個『特別行政區』。臺灣則認為『一個中國』應指一九一二年成立迄今之中華民國，其主權及於整個中國，但目前之治權，則僅及於臺澎金馬。臺灣固為中國之一部分，但大陸亦為中國之一部分。」

有了此依據後，兩會隨即於1992年10月28日至30日在香港舉行會談。在第一天的協商中，雙方對文書查證問題取得相當的共識，但對於「一個中國」的表述方式卻沒有交集。海協會提出五種表述方案，海基會依據國統會通過「關於『一個中國』的涵義」決議，也提出五種表述方案，但都不為彼此接受。30日下午，海基會再度提出3種修正方案，海協會也同意延長半天會期，就此問題繼續協商，但終至30日下午，雙方的討論仍沒有進展，海基會代表最後在會上提出「在彼此可以接受的範圍內，各自以口頭方式說明立場」的建議；海基會代表礙於層級，無權當場答覆，於是決定先行結束本次會談，雙方於11月1日中午離開香港。

11月3日海基會接獲海協會的來電，表示接受我方以口頭方式表述一個中國原則的建議，並願就具體內容另行協商，大陸方面並同時透過官方媒體新華社做出報導。海基會隨即也發佈新聞稿表示：「（對『一個中國』原則）本會經徵得主管機關同意，以口頭聲明方式各自表達，可以接受。」11月16日，海協會正式致函海基會，函中針對海基會提出的以口頭聲明方式各自表達方式表示：「充分尊重並接受貴會的建議」，同時提出陸方擬作為口頭表述的內容：

> 「海峽兩岸都堅持一個中國的原則，努力謀求國家的統一。但在海峽兩岸事務性商談中，不涉及「一個中國」的政治含義。本此精神，對兩岸公證書使用（或其他商談事務）加以妥善解決。」[47]

函中並以附件方式引述海基會於10月30日下午提出的第三種修正方案：

> 「在海峽兩岸共同努力謀求國家統一的過程中，雙方雖均堅持一個中國的原則，但對於一個中國的涵義，認知各有不同。惟鑑於兩岸民間交流日益頻繁，為保障兩岸人民權益，對於文書查證，應加以妥善解決。」

對於「文書查證」與「掛號函件查補問題」，海基會與海協會則改用函電交換意見，互相修正、溝通兩項協議的草案。海協會還於11月30日來函建議，雙方可於12月上旬舉行「辜汪會談」預備性磋商，地點再議；12月下旬舉行「辜汪會談」。在雙方對「一個中國」議題取得各自表述的共識後[48]，兩岸兩會才得以進行正式的接觸、協商、談判；

---

[47] 「九二共識，白紙黑字的歷史事實」，海基會「交流」月刊，2012年10月，第125期。

[48] 海基會在文中說，「當一方表示「充分尊重並接受」另一方的建議，說是雙方達成「共識」一點也不為過。雖然這個共識的形式是函電往返與各自

在決定擱置政治性的「一個中國」歧異後，雙方也有先就兩岸事務性議題協商的默契。但雖然如此，兩岸的事務性協商仍然深受雙方政治力主導、影響。

除了確實掌握外部協商情形，另一方面，陸委會也須兼顧國內看法。當時陸委會為了化解來自立法院及社會各界對「辜汪會談」的政治疑慮，以求透明化，自北京磋商期間開始就採取公布「授權書」的方式，在每一階段談判進度之前，將政府的立場，及授權海基會代表團的權限、商談的事項、因應方案底線、協商範圍等涉及談判籌碼的事務，加以限定後公布，使得實際負責主談的海基會副董事長邱進益在談判桌上，經常面臨談判籌碼不夠的不利局面。因此影響前線談判代表的工作，海基會與陸委會的矛盾因而加深。當時就有媒體記者認為，陸委會因臺灣內部的政治多元化背景，及政府監督體制做出的限制，導致前線談判代表幾乎是陷入腹背受敵，三面夾攻的艱難局面。[49]

此外，國內媒體對海基會的看法與報導，也影響陸委會對海基會的管控程度。邱進益1993年4月到北京預備性磋商時，海協會為表禮遇，計畫安排海基會協商團隊下榻釣魚台國賓館，但因隨行媒體無法進駐，遭到國內在野黨批評，質疑如此一來缺少媒體監督，過程不透明，會是黑箱作業，海基會因此取消住宿釣魚台賓館的計畫；到了要去新加坡舉行辜汪會談前夕，住宿飯店再成話題。邱進益屬意古老又昂

的口頭表述，而非雙方共同簽署的單一文件，但函電往返仍屬「換文」（exchange of notes or letters）的一種，具有一定的政治約束力。

49 王銘義，邱進益頗有處於「腹背受敵，三面夾攻」感覺，中國時報，1993年4月26日，二版。

貴的萊佛士酒店，但萊佛士酒店的房價非記者的出差費可負擔，媒體與在野黨強烈反對，海基會最後也沒有住成。這兩次的飯店風波都使陸委會受到「連累」，在立法院備詢時受到立委強烈砲轟。也使得陸委會開始過問海基會處理的所有大小事，甚至包括海基會原先可以自行處理的庶務。[50]

臺北方面有政治上的種種考量，北京看待兩岸協商談判的角度更是帶著很深的政治色彩。邱進益曾經說：

> 兩岸談判時，「（中共）始終會堅持共產黨的意識形態。而且共產黨傾向於將原本事務性的會談，拉高到政治層級，這對於我方來說有種被『突襲』的感覺，此時就必須堅持自身的立場，才不會被談判對手牽著鼻子走」[51]。

事實上，兩岸事務性協商進程就曾因為兩岸關係變化，遭大陸多次片面中斷。

1995年6月7日李登輝訪問美國，並在美國康乃爾大學發表「民之所欲，常在我心」演說，令中國大陸相當不滿，6月16日海協會函海基會推遲第二次辜汪會談，並取消原定6月底舉行的第二次預備性磋商。兩岸關係至後惡化，中共並在臺灣外海發射飛彈，發動多次文攻武嚇。1998年2月24日，海協會回函海基會，答應協商安排兩會交流事宜，10

50 孟蓉華，「辜汪會談20周年回顧」，海基會交流月刊第128期，頁28，2013年4月。

51 「辜汪會談20年　包容體諒造就兩岸贏家」，海基會交流月刊第128期，頁14。

月14日辜振甫率團訪問上海，與汪道涵在上海和平飯店舉行會談；隔天雙方在錦江飯店達成邀請汪道涵訪臺等四項共識。但在1999年7月李登輝提出「兩國論」後，兩會的交流又急速冷凍，9月13日海協會對外表示，因為「兩國論」，原定秋天訪臺的汪道涵已不便成行。此後海協會斷絕所有與海基會的往來，歷經民進黨執政八年，到2008年兩會才又恢復對話協商。

七、其他兩岸接觸管道

1995年4月18日，當時的新黨籍立法委員郁慕明在立法院質詢時表示，總統府辦公室主任蘇志誠與行政院文化建設委員會主任委員鄭淑敏擔任總統李登輝與中華人民共和國主席江澤民間的兩岸密使，雙方最早在1992年5月1日於香港碰面。雖然蘇志誠與鄭淑敏立刻否認，密使案沉寂一段時日後，南懷瑾弟子魏承思2000年7月在媒體詳細披露兩岸密使會談次數與細節。被點名的蘇志誠也在2000年7月時說，他與對岸接觸次數「不是9次，是9的好幾倍」[52]，他也說，接觸過程中，中共方面主動表示，南懷瑾這條線太複雜，希望臺灣方面與中共直接接觸。

南懷瑾參與的兩岸9次密談，加上兩岸排除南懷瑾直接對話的18次，13年來，李登輝授權蘇志誠前往珠海、香港、澳門與大陸的對口會面共有27次。由最早的中國大陸

[52] 張慧英，「蘇志誠：確曾擔任兩岸密使 出使不只九次 而是九次的好幾倍」，工商時報，2000.07.20 http://forums.chinatimes.com/report/president_lee/arms/e-89072002.htm

國家主席楊尚昆的代表中央台辦主任楊斯德、汪道涵到江澤民辦公室主任曾慶紅。此一不定期的固定會晤在1995年因新黨立委郁慕明在立法院曝光而終止[53]。李登輝在他的訪談「李登輝執政告白實錄」中表示，他與對岸兩代領導人鄧小平、江澤民始終維持一條溝通聯繫的祕密管道，直到他卸任。「九二年辜汪會談」、「總統直接民選」、「江八點」、「李六條」、「李登輝訪美」，這幾項兩岸重大事件，都曾透過這條密使管道試圖溝通。甚至更早，在李登輝1988年繼任總統時，趙紫陽也曾試圖銜接從蔣經國時代就有的溝通管道，派出親信與李登輝接觸[54]，但隨著1989年6月天安門事件、趙紫陽遭到整肅後，這條管道也失去作用。

幾次密使溝通，最重要的就是1992年6月16日，由蘇志誠、鄭淑敏與大陸派出的汪道涵、楊斯德、許鳴真在香港，雙方決定促成首次辜汪會談，並商議在新加坡會面。當時兩岸雖已建立海基會與海協會這等民間溝通協商管道，但兩岸高層間溝通與建立互信仍偏重密使，但相較大陸海協會，李登輝的密使管道鮮為人知，連大陸政策體系內的海基會，對密使情況都可謂一無所知。海基會1992年9月17日曾赴廈門實地查看遣返作業，並與鄒哲開商談文書查證事宜，受訪者回憶：

那時「他們（大陸方面）也把我拉到旁邊，說辜汪會

[53] 鄒景雯整理，《李登輝執政告白實錄》，（臺北，印刻出版，2001年5月），頁192。

[54] 許漢，「總統的祕密特使」，臺北縣新店市：獨家出版社，1995。

談考慮到辜振甫的特殊情形，大陸特別同意在新加坡舉行」[55]。

1993年初邱進益前往大陸進行兩會磋商，與汪道涵碰面時，汪道涵特別要邱進益「向蘇主任問好」，邱進益由於不知密使一事，心中還相當納悶[56]，事後邱進益自承不瞭解密使詳情，但當時兩岸你來我往，他確實感覺好像另外有個管道在進行溝通。根據監察院90年6月調查報告指出，李登輝當年基於海基會與中國大陸只停留在事務層次，可說沒有任何溝通管道，在蘇志誠請示「人家找上門」（南懷瑾傳話）情況下，同意蘇志誠去看一看。監察院調查結論認為，經這項對話管道，最後促使前海基會董事長辜振甫與前海協會長汪道涵1993年4月27日在新加坡會談，為臺海兩岸奠定協商談判基礎，也使兩岸軍事對峙緊張關係暫獲紓緩[57]。

表二：前九次密使會談

次數	時間	參加人員	會談重點
—	1988年2月6日	—	中共全國政協委員賈亦斌向南懷瑾傳達北京希望與臺灣的李登輝接觸
第一次密使會談	1990年12月31日	蘇志誠、楊斯德、賈亦斌	蘇志誠與楊尚昆的代表楊斯德在港會面，蘇透露李登輝準備終止動員戡亂時期

55 見訪談三。

56 鄒景雯整理，《李登輝執政告白實錄》，（臺北，印刻出版，2001年5月），頁201。

57 中央社，「密使事件 南懷瑾角色關鍵」，2012年9月30日。

第二次密使會談	1991年2月17日	蘇志誠、鄭淑敏、尹衍樑、楊斯德、賈亦斌	兩岸代表在港晤面，達成停止軍事對峙等「三停止」共識
第三次密使會談	1991年3月29日	蘇志誠、鄭淑敏、楊斯德等	雙方討論一個中國與和平協議議題
第四次密使會談	1991年6月16日	蘇志誠、鄭淑敏、大陸代表	未有具體結論
第五次密使會談	1991年7月	鄭淑敏、楊尚昆、王兆國	協商合作打擊走私
第六次密使會談	1991年11月16日	蘇志誠、鄭淑敏、大陸代表	臺灣同意對WTO入會名稱讓步
第七次密使會談	1991年12月2日	蘇志誠、尹衍樑、許鳴真	籌備新密談模式，許鳴真加入對話行列
第八次密使會談	1992年6月16日	蘇志誠、鄭淑敏、汪道涵、楊斯德、許鳴真	敲定首次辜汪會談
第九次密使會談	1992年8月	李登輝、許鳴真	許鳴真赴臺北密訪李登輝。兩岸排除南懷瑾，建立更直接溝通管道

資料來源：商業周刊661期、作者整理

第二節　兩岸冷凍海陸休兵——陳水扁執政時期

一、國內政治因素

2000年陳水扁代表民進黨當選中華民國第10任總統，但僅39.3%的得票率當選總統，民意支持未過半，加上立法院仍以國民黨為多數，雖已是政黨輪替，但「朝小野大」的局面使國內政治嚴重紛擾，政令難行。

國內政治情勢方面，2000年總統大選造成國民黨分裂，2000年3月31日總統落選人宋楚瑜成立親民黨、國民黨本土派出走另立「臺灣團結聯盟」（簡稱「臺聯」），使國民黨在立院的席次減少為116席，民進黨72席、親民黨15席、新黨9席、無黨籍聯盟7席、民主聯盟2席。不過，由於無黨籍聯盟中的羅福助、蔡豪、伍澤元等一向支持國民黨立院黨團的運作，國民黨無論在形式數目或實質運作上，仍勉強享有絕對多數的優勢地位[58]。2001年底舉行第五屆立法委員選舉，國會生態出現極大轉變。民進黨在這次國會改選中得到87席，取得第一大黨地位；原本在國會占有絕對優勢的國民黨，只得到68席，變為最大在野黨；親民黨和臺聯則分別取得46席和13席；新黨僅取得l席；無黨籍10席[59]。

臺聯與親民黨、新黨在國家認同等意識形態方面，呈現對立的兩極，中間夾著國民黨與民進黨。首度執政的民進黨面對國民黨的挑戰，亟欲吸取中間選民，以獲得更廣泛的支持，但臺聯在國會與民進黨雖維持鬆散的盟友關係，卻也時時以其強烈的獨立訴求，挑戰民進黨在整個泛綠群眾中的支持度。因此，陳水扁在任內時時面臨趨向中間，或傾向極化的兩難抉擇，形成「中間政黨的政策論述既趨向中心競爭、又被極化政黨離心拉扯」的議題取向[60]。這種情況到陳水扁執政第二任期有了更明顯的衝突，陳水扁更多地呼應黨內基

[58] 田麗虹，「兩岸關係的決策分析—解析行政立法關係下的大陸政策」，新文京，民92，頁95。

[59] 中選會網站，http://www.cec.gov.tw/bin/home.php

[60] 田麗虹，「兩岸關係的決策分析—解析行政立法關係下的大陸政策」，新文京，2003年，頁99。

本教義派的急獨立場，兩岸政策也愈來愈偏向對立。同時，臺灣民眾在經歷政黨輪替後，臺灣認同與主體意識也增強。2000至2008年民進黨執政期間，在陳水扁政府進一步的「本土化」政策推動下、「中國人」認同者持續降低。[61]

此外，根據定期民調[62]，臺灣民眾選擇「維持現狀走向統一」歷年的平均為14.6%。在1994年到2001年之間，這個比例大約維持在平均為17.0%的比例上。不過，在2000年總統大選後中央政府政權輪替之後，自2002年起，支持「走向統一」的比例開始下滑，2007年跌到10%。儘管2008年國民黨取得立法院的絕對優勢以及國民黨的馬英九再次取得政權，民意走向統一的比例仍繼續下跌，至歷年最低的8.7%。在「維持現狀走向獨立」的比例，1996年以前不到一成，1997年到2001年間在一成上下微幅波動，在2004年卻上升到15.2%，並進一步在2008年上升到16.0%的新高。整體而言，民進黨執政時期，民眾的統一意向下降、獨立偏向升高外，且自2003年開始「偏向獨立」的比例均超越「偏向統一」的比例；此外，自2001年起，維持現狀的比例增加，在五成左右，自2004年起，更有超過五成五的民眾採取維持現狀立場。民進黨執政8年，讓民眾支持獨立的的意向高過支持統一，不過，對統獨立場持觀望態度的

[61] 陳陸輝、周應龍，「臺灣民眾臺灣人認同的持續與變遷」，《兩岸關係的機遇與挑戰》，頁245。其中，「臺灣人」與「都是」的選項，縱有波動、但仍維持平穩的狀態。

[62] 政治大學選舉研究中心歷年電話訪問結果。政治大學選舉研究中心網站，http://esc.nccu.edu.tw/ newchinese/data/method.pdf

民意依舊是主流[63]。

陳水扁執政時期立法院政黨鬥爭相對嚴重，但在兩岸議題方面，由於兩岸停止協商談判，沒有簽署協議，立法與行政在此的互動並不鮮明。

二、外部兩岸關係

2000總統大選前，中國大陸在2月21日發表「一個中國的原則與臺灣問題白皮書」，重申一個中國、反對臺獨的原則：

> 中國政府堅決捍衛一個中國原則。對於以李登輝為代表的臺灣分裂勢力的種種分裂活動，中國政府和人民一直保持著高度的警惕，並進行了堅決的鬥爭[64]。

2000年3月15日選舉前夕，中共總理朱鎔基在人大閉幕記者會上向臺灣喊話，指「誰要是搞臺灣獨立，就沒有好下場」、「中國人民一定會用鮮血和生命來捍衛祖國的統一和民族的尊嚴」、「臺灣人民面臨著緊急的歷史時刻，何去何從，切莫一時衝動，以免後悔莫及」[65]，用詞更為直白，也顯示出中共對民進黨可能執政的焦慮。中國大陸的焦慮在陳

[63] 陳陸輝、耿曙，「臺灣民眾統獨立場的持續與變遷」，《重新檢視爭辯中的兩岸關係理論》，五南，2009年9月，頁176。

[64] 「一個中國的原則與臺灣問題」白皮書，人民網。http://www.people.com.cn/BIG5/channel1/14/20000522/72540.html

[65] 「朱鎔基：相信臺灣同胞會作出明智的歷史抉擇」，中新社。http://www.china.com.cn/overseas/txt/2001-01/22/content_5018345.htm

水扁當選第10任總統後轉為低調的「聽其言，觀其行」，大陸國台辦在選舉結果揭曉當天發出簡短聲明，重申一個中國、反對臺獨，並針對陳水扁表示：「我們將聽其言觀其行，對他將把兩岸關係引向何方，拭目以待」[66]。隨著陳水扁上任後提出的「四不一沒有」及超越統獨意識形態的「新中間路線」[67]，大陸方面則一直維持「聽其言，觀其行」的態度，時時顯現出對陳水扁的不信任。然而，2002年7月，諾魯與中華人民共和國宣布在7月21日建立外交關係，中華民國在7月23日宣布與諾魯斷交；同年8月3日，陳水扁在世界臺灣人大會東京年會視訊會議上提出「一邊一國」論，中共即開始對陳水扁強烈的「文攻」。

中共國務院臺灣事務辦公室於2002年8月5日對陳水扁所提「一邊一國論」作出回應指：

> 這些言論與李登輝「兩國論」如出一轍，充分暴露了他（陳水扁）頑固堅持「臺獨」立場的真面目，是對包括臺灣同胞在內的全體中國人民的公然挑釁，也是對國際社會公認的一個中國原則的公然挑釁，必將對兩岸關係造成嚴重的破壞，影響亞太地區的穩定與和平[68]。

[66] 新華社，中共中央臺灣工作辦公室國務院臺灣事務辦公室就臺灣地區產生新的領導人發表聲明全文，http://www.mac.gov.tw/fp.asp?fpage=cp&xItem=61847&ctNode=6231&mp=1

[67] 鄒景雯，「新中間路線 總統：臺灣必走之路」，2002年4月16日。http://www.libertytimes.com.tw/2002/new/apl/16/today-p6.htm

[68] 國臺辦新聞發言人就陳水扁鼓吹「臺獨」發表談話，新華社，http://big5.china.com.cn/chinese/2002/Aug/183580.htm

人民日報及新華社評論員文章等官媒也從8月6日開始，抨擊陳水扁及「一邊一國」論。

2002年中共十六大，江澤民在「全面建設小康社會，開創中國特色社會主義事業新局面」政治報告中，再度重申中共堅持「一個中國」原則，堅持「和平統一、一國兩制」基本方針和現階段發展兩岸關係、推進和平統一進程的八項主張（江八點）。之後，陳水扁推動公投、制憲，兩岸關係惡化，2004年陳水扁勝選，連任中華民國第11屆總統，中國大陸遂在2005年3月14日由全國人民代表大會通過「反分裂國家法」，以法律形式律定當局如何處理兩岸關係與對臺政策，當中首次明確提出在「臺獨分裂勢力以任何名義、任何方式造成臺灣從中國分裂出去的事實」、「發生將會導致臺灣從中國分裂出去的重大事變」、「和平統一的可能性完全喪失」，等3種情況下，中國大陸可使用非和平方式達到國家統一。並且，中共官方在事後說明中，都強調拒絕外部勢力干涉。當時大陸總理溫家寶主持人大記者招待會時，在回答臺灣記者關於反分裂法的問題時說：「這是一部加強一中原則和推進兩岸關係的法，是一部和平統一的法，而不是針對臺灣人民的，也不是一部『戰爭法』」、「這部法律是遏制和反對臺獨勢力的。只有遏制和反對臺獨勢力，臺海才有和平的局勢」、「臺灣問題為中國內政，並指出中華人民共和國政府不希望、也不害怕其他國家的干涉」。[69]

在陳水扁執政期間，中國大陸從「聽其言，觀其行」到

[69] 《反分裂國家法》系列談之二：為實現和平統一不懈努力，2005年3月18日，華夏經緯網，http://big5.huaxia.com/la/tbch/2005/00299051.html

定位陳水扁為「臺獨分子」，制定反分裂法，並中斷兩岸政治方面的接觸。在陳水扁執政8年間，臺灣海基會發給大陸海協會總共7069件信函，海協會8年間僅回覆與發函海基會41件信函，其中多為臺灣天災如SARS、颱風和辜振甫過世時表達慰問[70]。但另一方面，陳水扁執政時期，兩岸經貿往來卻不斷往上達到高峰，大批臺商進入中國大陸，大陸除希望藉臺商投資提升經濟成長，另一方面，也有「以商逼政、以經促統」的意味在其中[71]。

表三：海基會收發大陸海協會函件統計表

年度	收文件數	發文件數
88年（1999年）	185	703
89年（2000年）	5	443
90年（2001年）	2	517
91年（2002年）	2	791
92年（2003年）	9	1,167
93年（2004年）	6	755
94年（2005年）	10	942
95年（2006年）	2	1,004
96年（2007年）	1	1,005
97年（2008年） 5月20日以前	4	445
合計	226	7,772

來源：海基會

[70] 詳見表一。

[71] 陳水扁2007年5月25日接受德國之聲專訪時說：「我們了解中國方面希望以商來逼政促……我們必須堅持臺灣經濟主體性，臺灣經濟絕對不能變成中國的附庸或者是她的邊陲。更不可以把臺灣的經濟命脈商業利益全部放在中國。」http://news.creaders.net/china/newsViewer.php?nid=309472&id=728734&language=big5

三、大陸決策體系

李登輝執政末期，國安會就已是兩岸政策重要的幕僚單位，當時的國安會諮詢委員張榮豐及蔡英文等學者，就曾參與「兩國論」論述的形成；到陳水扁剛執政時，國安會成員多數由前任李登輝推薦，莊銘耀擔任國安會秘書長，副秘書長則是邱義仁、張榮豐和胡為真，之後莊銘耀因病去職，由李登輝時代的國安局長丁渝洲接任。

到2002年，陳水扁將親信邱義仁拉上國安會秘書長一職，邱義仁受到總統高度信任，國安會的幕僚功能才真正完全發揮。國安會議是當時兩岸政策體系中最重要的決策機構，由陳水扁主導，使當時的兩岸決策有很深的陳水扁個人意識型態色彩。

國安會議達成決定後，相關政策就轉由各機關部會執行，大陸政策方面，由陸委會規劃研擬相關草案、辦法，涉及兩岸協商部分，交由海基會執行。

陳水扁執政時期，創下由陸委會副主委接任海基會秘書長的先例，2004年，前海基會秘書長許惠祐轉任行政院海岸巡防署署長，劉德勳以陸委會副主委身分擔任海基會副董事長兼秘書長；2005年前海基會董事長辜振甫過世，劉德勳也以陸委會副主委兼海基會副董事長身分，代理海基會董事長職務；劉德勳原來的海基會秘書長職務，則由另一位陸委會副主委游盈隆兼任。當時輿論界認為，陸委會兼任海基會重要職務的做法，代表海基會將淡出「白手套」的角色，與政府主管大陸政策的陸委會形成「兩塊招牌、一套人馬」

模式，有媒體形容，這是跟進大陸方面的做法，「白手套已破了一個洞，露出一根手指。」[72]。

四、當時大陸政策

2000年，民進黨籍的陳水扁當選中華民國第10任總統，由於民進黨的臺獨立場，大陸當局在選前多次暗示，如果陳水扁當選，北京有可能對臺灣使用武力。[73]並在總統大選結束隔天以中台辦暨國台辦名義發表正式聲明，強調「對臺灣新領導人我們將『聽其言，觀其行』，對他將把兩岸關係引向何方拭目以待」[74]。陳水扁在就任時為表善意，他在就職演說「臺灣站起來——迎接向上提升的新時代」中表示：

> 海峽兩岸人民源自於相同的血緣、文化和歷史背景，我們相信雙方的領導人一定有足夠的智慧與創意，秉持民主對等的原則，在既有的基礎之上，以善意營造合作的條件，共同來處理未來「一個中國」的問題。
>
> 兩岸的政府與人民若能多多交流，秉持「善意和解、積極合作、永久和平」的原則，尊重人民自由意志的選擇，排除不必要的種種障礙，海峽兩岸必能為

[72] 林妙容，蘋果日報，2004年07月30日。

[73] 王銘義，「大陸國臺辦：白皮書不存在最後通牒問題」，中國時報，2000年2月26日，三版；賴錦宏，「沒有兩國論拋出 就沒有白皮書發表」，聯合報，2000年3月16日，三版。

[74] 李道成、林則宏「中共發表 對臺灣新領導人先『聽其言 觀其行』」，中國時報，2000.03.19。http://forums.chinatimes.com/report/vote2000/abian/89031946.htm

亞太地區的繁榮與穩定做出重大的貢獻，也必將為全體人類創造更輝煌的東方文明。

他也首度在就職演說中提出「四不一沒有」，希望化解美國、大陸及臺灣內部對兩岸關係的疑慮：

只要中共無意對臺動武，本人保證在任期之內，不會宣布獨立，不會更改國號，不會推動兩國論入憲，不會推動改變現狀的統獨公投，也沒有廢除國統綱領與國統會的問題[75]。

陳水扁的「四不一沒有」及上任後提出的超越統獨意識形態的「新中間路線」[76]，獲得國內外不錯評價，大陸方面則透過新華社重申「一個中國」原則[77]，仍不脫「聽其言，觀其行」意思。

接下來，陳水扁在就職滿月記者會上質疑「九二共識」是兩岸「沒有共識的共識」[78]，但在兩個月後提出「九二精神」的說法，呼籲中共當局：

75 第10任總統就職演說，組統府網站。

76 鄒景雯，「新中間路線 總統：臺灣必走之路」，2002年4月16日。http://www.libertytimes.com.tw/2002/new/apl/16/today-p6.htm

77 「中共中央臺辦、國務院臺辦授權就兩岸關係問題發表聲明」，新華社，2000年5月20日。http://www.people.com.cn/GB/channel1/10/20000520/71092.html

78 總統六二〇記者會答問實錄，總統府網站，2000年6月20日。http://www.president.gov.tw/Default.aspx?tabid=131&itemid=7683&rmid=514&sd=2000/06/19&ed=2000/08/02

我們是不是能夠繼續攜手努力，共同打拚，在既有的基礎之上，本諸九二年的精神，共同來建立兩岸的良性互動。

所謂「九二年的精神」，當然是指「對話、交流及擱置爭議」，我們深信只要有對話就能夠交流，有交流就能夠有共識，如果沒有共識，我們寧願暫時把這些爭議擱置一邊」……我們希望兩岸能夠從「沒有共識的共識」開始，能夠透過「對話、交流、擱置爭議」這樣一個過程，最後找出彼此都能夠接受的共識和結論，讓「沒有共識的共識」變成「有共識的共識」。[79]

在「朝小野大」政治環境下當選少數總統，陳水扁提出組建跨黨派小組的想法並付諸實行，2000年6月26日陳水扁核定公布《跨黨派小組設置要點》，跨黨派小組在2000年8月14日成立[80]，2009年9月2日舉行第一次會議，期間經過了7次會議後，於2000年11月底達成初步共識，提出了兩岸關係的「三個認知、四個建議」。

三個認知包括：

[79] 總統記者會答問實錄，總統府網站，2000年07月31日，http://www.president.gov.tw/Default.aspx?tabid=131&itemid=7855&rmid=514&sd=2000/06/19&ed=2000/08/02

[80] 跨黨派小組召集人是李遠哲，成員有白光勝、朱惠良、沈富雄、沈君山、吳豐山、吳東昇、明居正、林明成、林濁水、林子儀、范光群、洪冬桂、梁丹豐、陳添枝、曹興誠、黃崑虎、黃昭元、曾貴海、趙永清、蔡同榮、蕭新煌、顏建發。

（一）兩岸現狀是歷史推展演變的結果。

（二）中華民國與中華人民共和國互不隸屬、互不代表。中華民國已經建立民主體制，改變現狀必須經由民主程序取得人民的同意。

（三）人民是國家的主體，國家的目的在保障人民的安全與福祉；兩岸地緣近便，語文近同，兩岸人民應可享有長遠共同的利益。

至於「四個建議」則是基於以上認知，跨黨派小組建議：

（一）依據中華民國憲法增進兩岸關係，處理兩岸爭議及回應對岸「一個中國」的主張。

（二）建立新機制或調整現有機制以持續整合國內各政黨及社會各方對國家發展與兩岸關係之意見。

（三）呼籲中華人民共和國政府，尊重中華民國國際尊嚴與生存空間，放棄武力威脅，共商和平協議，以爭取臺灣人民信心，從而創造兩岸雙贏。

（四）昭告世界，中華民國政府與人民堅持和平、民主、繁榮的信念，貢獻國際社會並基於同一信念，以最大誠意與耐心建構兩岸新關係[81]。

[81] 跨黨派小組「三個認知 四個建議」，政府大陸政策重要文件http://www.mac.gov.tw/ct.asp?xItem=68171&ctNode=6621&mp=1

陳水扁也提出「從兩岸經貿與文化的統合開始著手，逐步建立兩岸之間的信任，進而共同尋求兩岸永久和平、政治統合的新架構」、「依據中華民國憲法，『一個中國』原本並不是問題」的說法[82]，但「統合論」沒有持續發展下去，直到2002年5月9日，陳水扁在金門大膽島與媒體主管談話，除了揭示「兩岸三通勢必走的一條路」，其中再度提到「兩岸關係的正常化必須是從經貿關係正常化開始做起，兩岸政治統合的第一步必須從經貿及文化的統合開始著手，這個政策目標不會退縮也不會改變」，宣示主張仍然持續[83]。然而，2002年7月，諾魯與中華人民共和國宣布在7月21日建立外交關係，中華民國在7月23日宣布與諾魯斷交。這樣的發展使陳水扁相當不滿，他在就任黨主席演說中說：

> 如果我們的善意無法得到中共相對的回應，我們要認真思考是否要走自己的路、走咱臺灣的路、走出臺灣的前途[84]。

「走自己的路」到了2002年8月3日，陳水扁在世界臺灣人大會東京年會視訊會議上做出更完整的宣示，他在視訊中宣讀事先準備好的講稿：

[82] 「總統發表跨世紀談話」，總統府網站，2000年12月31日。http://www.president.gov.tw/Default.aspx?tabid=131&itemid=3388

[83] 胡全威，「陳水扁總統的『統合論』之評析」，國政基金會，2002年6月11日。

[84] 何榮幸，「善意無法得到對岸相對回應 扁：認真思考走咱臺灣的路」中國時報，三版，2002年7月22日。

> 我們必須要認真思考，要走自己的路，走我們臺灣的路。什麼叫「我們臺灣自己的路」，就是臺灣的民主之路、臺灣的自由之路、臺灣的人權之路、臺灣的和平之路。
>
> 臺灣是我們的國家，我們的國家不能被欺負、被矮化、被邊緣化及地方化，臺灣不是別人的一部分；不是別人的地方政府、別人的一省，臺灣也不能成為第二個香港、澳門，因為臺灣是一個主權獨立的國家。簡言之，臺灣跟對岸中國「一邊一國」要分清楚[85]。

陳水扁提出「一邊一國」論，是其兩岸政策由和解轉向對立的重要轉折。2003年9月28日陳水扁以民進黨黨主席身分在黨慶上提出要在2006年「催生臺灣新憲法」[86]，並隨後在民進黨組成「新憲法小組」，在2003年11月24日提出新憲推動時程表，要在2006年5月提出新憲草案，於同年12月10日交付人民公投，通過後於2008年5月20日新任總統就任時實施[87]。因應這一系列做為，陳水扁在2003年11月30日，宣布要以通過的公投法第17條「防禦性公投」條文，發動公民投票。但由於公投觸及陳水扁就任時的「四不一沒有」

[85] 郭淑媛，「陳水扁：公民投票改變臺灣現狀」，中時晚報，一版，2002年8月3日。

[86] 蔡素蓉，「陳總統：2006年民進黨共同催生臺灣新憲法」，中央社，2003年9月28日。

[87] 林弋凱，「民進黨敲定新憲推動時程」，臺灣時報，2003年11月25日。

中，「不會推動改變現狀的統獨公投」的宣示，使美國及中國大陸大為緊張。但最終防禦性公投沒有獲得半數以上投票選民通過。

選舉過後，陳水扁連任當選2004年第11任總統，他在就職時發表「為永續臺灣奠基」演說，為制憲消毒：

> 涉及國家主權、領土及統獨的議題，目前在臺灣社會尚未形成絕大多數的共識，所以個人明確的建議這些議題不宜在此次憲改的範圍之內。

也在兩岸政策上再度展現善意：

> 個人願意在此重申，公元2000年520就職演說所揭櫫的原則和承諾，過去四年沒有改變，未來四年也不會改變。在此基礎之上，阿扁將進一步邀集朝野政黨及社會各界共同參與，成立「兩岸和平發展委員會」，凝聚朝野的智慧與全民的共識，擬定「兩岸和平發展綱領」，共同策進兩岸和平穩定、永續發展的新關係[88]。

不過，2005年中國大陸制定「反分裂國家法」，陳水扁在2006年元旦宣示兩岸經貿政策將改「積極開放、有效管理」為「積極管理、有效開放」；2006年春節會見臺南

[88] 第11任總統就職演說，總統府網站。

縣地方人士時表示應針對「國統會」及「國統綱領」的存廢進行認真思考，但因廢除國統綱領涉及改變兩岸定位，並違背陳水扁2000年提出的「四不一沒有」，在面對國內、美國、大陸的三方壓力，陳水扁在2006年2月27日，於國安會議中裁示「終止」國統會及國統綱領；2月28日，陳水扁批示：「同意：『國家統一委員會』終止運作，不再編列預算，原負責業務人員歸建；《國家統一綱領》終止適用，並依程序送交行政院查照。」[89]。陳水扁在2007年元旦講話時提到，「以臺灣名義申請加入聯合國」，並在之後會見外賓時提到，將在選舉期間推動「入聯公投」。另一方面，國民黨也推動返聯公投」。但最終兩項公投案均未達50%投票率而宣告失敗。

五、領導人因素

擁有鮮明臺獨色彩的陳水扁當選總統後，兩岸間從此衝突不斷，陳水扁在2000當選年底發表跨世紀談話「跨越新世紀，尋求兩岸統合的新架構」，當中提到兩岸關係及臺灣前途，是他任內最趨於中間的主張，當中他提到：

> 事實上，依據中華民國憲法，「一個中國」原本並不是問題。我們希望對岸能夠深入了解臺灣人民心中的疑慮在哪裡，對於兩千三百多萬人民當家作主的意志，對岸如果不能尊重體諒，反而會使得兩岸之間

[89] 「行政院蘇院長終止『國統會』運作、《國統綱領》適用相關決策專案報告」，大陸政策文件以往資料，2006年3月6日。

的認知產生不必要的落差。

> 兩岸原是一家人，也有共存共榮的相同目標，既然希望生活在同一個屋簷下，就更應該要相互體諒、相互提攜，彼此不應該想要損害或者消滅對方。我們要呼籲對岸的政府與領導人，尊重中華民國生存的空間與國際的尊嚴，公開放棄武力的威脅，以最大的氣度和前瞻的智慧，超越目前的爭執和僵局，從兩岸經貿與文化的統合開始著手，逐步建立兩岸之間的信任，進而共同尋求兩岸永久和平、政治統合的新架構。[90]

2000年總統大選，陳水扁只獲得總得票率39%的支持數，雖然依憲法「相對多數」即是當選的條文可合法就職，但在政治影響力上，他是一位「少數總統」卻是不容置疑的事實。因此，如何在政策制定過程上考量到其他超過六成不曾支持過他的民意趨向，就成為陳水扁不能省略的背景因素[91]。陳水扁雖擁獨，在第一任期仍努力趨近中間，但中國大陸的「一個中國」原則與民進黨核心原則，在最根本上有著衝突，使陳水扁執政時期的兩岸關係充滿猜疑與不信任，也影響陳水扁執政後期的各種決策。

---

[90] 總統府，「和平繁榮新世紀——陳水扁總統談話輯要」，行政院新聞局，2001年，頁46-47。

[91] 邵宗海，「陳水扁『一邊一國』」主張的分析與兩岸關係的影響，臺灣研究集刊（廈門：廈門大學臺灣研究院，2004年第2期），頁7。

六、兩岸談判方式

中華民國2000年出現首次政黨輪替，選出立場偏向臺灣獨立的民進黨籍總統陳水扁，這樣的結果使中國大陸相當不滿，同時，也因為過去缺乏與民進黨籍人士互動的經驗，大陸政府在陳水扁執政期間，幾乎中斷所有兩岸協商管道，拒絕與民進黨政府協商。

「在『一個中國』原則下，兩岸才有機會恢復協商」[92]是中國大陸訂下的「破冰線」；不承認「九二共識」、主張臺獨的陳水扁則明確拒絕這項前提，兩岸協商因此停滯不前，儘管陳水扁在任期間多次呼籲大陸恢復臺海兩岸協商，在執政初期，也多次展現善意，釋放出各種促進臺海兩岸交流的想法，但北京持續「聽其言，觀其行」的態度，使陳水扁最終採取對抗衝突做法，先後提出「一邊一國」、以「積極管理，有效開放」取代「積極開放，有效管理」等，兩岸關係惡化並陷入僵局，原有的海基會與海協會聯繫，也因此停頓。不過，雖然雙邊政府關係惡劣、海基海協協商停頓，但兩岸仍有就特定議題協商談判的例子。包括2002年6月29日磋商臺港新航約，簽署「有關臺港之間空運安排」協議，也曾就春節包機、大陸觀光客來臺、奧運聖火經過臺灣等議題，進行協商。雖有協商，結果與過程卻不一定圓滿，中國

[92] 陳水扁當選後，新華社隨即發表「中共中央臺灣工作辦公室國務院臺灣事務辦公室就臺灣地區產生新的領導人發表聲明」，當中提到「和平統一是以一個中國原則為前提的」、我們願意同一切贊同一個中國原則的臺灣各黨派、團體和人士交換有關兩岸關係與和平統一的意見」。http://www.mac.gov.tw/fp.asp?fpage=cp&xItem=61847&ctNode=6231&mp=1

大陸2008年舉辦奧運，兩岸在2007年就奧運聖火是否經過臺灣的問題進行協商，最終仍因主權爭議破局；另一方面，臺灣也積極推動兩岸在兩會之外的其他國際場合互動的機會，諸如世貿組織（World Trade Organization, WTO）、亞太經濟合作會議（Asia Pacific Economic Cooperation, APEC）等，但北京當局並不配合，並持續在國際組織打壓中華民國。

因此，2003年10月，兩岸人民關係條例修正，將兩岸協商機制作重大調整，建立協商複委託機制，政府可委託其他公益法人協助處理兩岸事務，或代為簽署協議；經政府委託的海基會，亦可「複委託」其他公益法人執行任務[93]。透過複委託機制，2005年中華民國政府委託「臺北市航空運輸商業同業公會」組織公司代表團與中國大陸進行協商，協商過程中，交通部民航局長以「臺北市航空運輸商業同業公會」顧問名義參與談判；另外，政府也委託「中華民國旅行業商業同業公會全國聯合會」就大陸觀光客來臺一事進行兩岸協商。之後，大陸國家旅遊局成立「海峽兩岸旅遊交流協會」，臺灣也對應成立「財團法人臺灣海峽兩岸觀光旅遊協會」，由雙方觀光局、旅遊局長擔任會長，談判隊伍中也包含交通、觀光、入出境及中央銀行等部會官員。

陳水扁執政時期，因惡化的兩岸關係讓兩岸協商停滯，透過複委託方式，讓政府官員以民間機構顧問名義坐上談判

[93] 羅嘉薇，「兩岸協商 可委託民間 歷來最大幅度修正 政府可「複委託」其他公益法人執行任務 直航辦法須一年半內擬訂 大陸配偶取得身分年限維持八年」聯合報，2003年10月10日，一版。

桌，實質操控，達到等同兩會協商的效果。

七、其他兩岸接觸管道——澳門模式

陳水扁執政時期，兩岸海基海協聯繫管道中斷，中國大陸要求應先處理「一中」問題，再談兩會復談，但其時卻也是兩岸經貿往來最熱絡的時期，因應交流衍生出來的各種事務、人道需求，遂在海基會、海協會管道之外發展出「澳門模式」。

「澳門模式」最初叫「臺港模式」，後因在澳門舉行兩岸春節包機協商而得名。「澳門模式」避開「海基會海協會復談」的敏感政治問題，由海基會與海協會之外的民間團體，經陸委會授權以「行業對行業、團體對團體」方式相互談判，雖頂著民間團體的招牌，當中主要談判人員，還是政府相關部門官員；在雙方達成共識後，不必簽署任何文件，可形成共識備忘錄，經彼此確認後，各自帶回內部有關單位批准執行。當中，陸委會、海基會與國台辦、海協會官員則不參與談判。2004年當時的陸委會主委吳釗燮在對臺港模式提出的內涵說明是「擱置爭議、不設前提」、「相互尊重、實事求是」、「政府主導、民間協商」；淡江大學中國大陸研究所教授張五岳則形容「澳門模式」為「政府授權、民間名義、官員主談、公權力落實」。

「澳門模式」的運作在兩岸商談春節包機方面有了不錯成果，我方由臺北市航空公會主談。在開放第一類大陸觀光客來臺旅行則由台旅會主談，兩岸交通官員參與協商。但在整個陳水扁執政時期，兩岸間卻也只有春節包機獲得具體成果、在第一類觀光客來臺旅行等個別議題取得局部共識，最終無法達成兩岸三通直航商談的目標。

八、其他兩岸接觸管道——國共論壇

民進黨執政時期兩岸溝通管道不甚暢通，但當時在野的國民黨卻以「黨對黨」的名義，與中國大陸政權保持良好溝通關係。

2005年在「連胡五項願景」基礎上，國民黨與大陸共產黨透過「兩岸經貿文化論壇（國共論壇）」行高層接觸。雖然國民黨沒有施政權，但兩黨仍以論壇方式，就大陸人民來臺觀光、客貨包機、農產品運輸大陸、刑事犯及經濟犯遣返、臺商投資保護及智慧財產權等議題進行協商。自2006年開始，國民黨與共產黨先後舉辦3屆「國共論壇」，包括第一屆的「兩岸經貿論壇」（2006年4月14至15日），主題為「兩岸經貿交流與直接通航」；第二屆的「兩岸農業合作論壇」（2006年10月17至20日），主題為「加強兩岸農業合作、實現兩岸農業互利雙贏」；第三屆的「兩岸經貿文化論壇」（2007年4月28至29日），主題為「兩岸直航教育交流旅遊觀光」[94]。

上述三屆國共論壇在兩岸間官方不往來、公權力管道不暢通的情況下舉辦，國民黨雖是在野黨，但挾國會最大黨的地位，與共產黨的各項溝通、商談，某種程度主導了兩岸發展方向。

[94] 唐永瑞，「國共論壇」回顧與展望，《展望與探索》，第7卷第10期，2009年10月，頁39。

第三節　兩會復談建立制度——馬英九執政時期

一、國內政治因素

2008年1月立法委員選舉，國民黨獲87席，相較民進黨的27席、無黨籍的3席，以壓倒性的當選人數獲得國會多數席次；同年3月舉行總統大選，中央選舉委員會在2008年3月22日20時7分宣布開票結果，國民黨提名的馬英九及蕭萬長獲勝，當選中華民國第12屆總統、副總統。馬英九、蕭萬長以7,659,014票當選，得票率58.45%，謝長廷、蘇貞昌5,444,949票，得票率41.55%[95]。馬英九當選中華民國第12任總統，國民黨再度執政。

馬英九在總統大選競選期間，提出的兩岸政策主要為：主張以「三不政策」（不統、不獨、不武）來處理兩岸關係，並且將和中國大陸進行協商，承諾臺海一百年和平[96]；通過協商，全面開放兩岸文化交流；承認大陸地區學校學歷；開放兩岸三通，推動兩岸共同市場，促進海峽兩岸民眾、機構之交流。馬英九當選後，國民黨與中共以2005年連戰與胡錦濤會面後確立的「五項共同願景」為基礎，開啟兩岸對話交流，也重啟海基會與海協會協商制度；2008年6月13日，兩會上午9時在釣魚台賓館簽署週末包機與陸客來

[95] 中選會網站，http://www.cec.gov.tw/bin/home.php

[96] 高凌雲，「馬推新三不：保臺灣100年和平」，聯合報，2008年1月16日。

臺觀光兩項協議[97]。被認為是兩岸關係發展的重要一大步。

當時行政院研考會一周後發布「民眾對兩會復談後兩岸關係的看法」民意調查結果顯示，對於兩會復談結果，有七成三的民眾認為有助於兩岸和平發展；超過六成八的民眾認為有助於促進臺灣經濟發展。整體而言，對兩會復談結果有六成七民眾感到滿意，對新政府處理兩岸關係的表現有六成四民眾感到滿意[98]。但到11月4日，第二次江陳會談時，兩會在臺北圓山飯店舉行兩岸協商談判，引起國內反對人士集結抗議，爆發多起衝突，當時海協會長陳雲林還曾因抗議被圍困於晚宴8小時。臺灣社會對於兩岸重新接觸的態度也有分歧。二次會談後的民調顯示，兩岸透過協商尋求開放經貿，超過半數的民眾表示支持，並肯定兩岸協議的內容；但是對於總統馬英九接見陳雲林，民眾則評價兩極，依照各自支持的政黨屬性，有完全不同的結果[99]。

總統大選隔年的縣市長選舉，國民黨獲得12席縣市長，民進黨只有4席，無黨籍1席，民眾對國民黨執政有所期待，對兩岸復談的看法也趨向正面，但2009年8月6日莫拉克颱風襲臺，造成重大傷亡，馬英九政府救災效率不彰，使馬英九民調開始下降，自後，民眾對馬英九政府的施政信心也日益下降。

2012年中華民國第13屆總統選舉，主張兩岸深化經貿合作、建立制度化協商的馬英九再度連任，但囿於國內經

[97] 江今葉、張銘坤，「海峽兩岸兩會正式簽署包機與觀光協議」，中央社。

[98] 李麗慎，兩會復談　七成三民眾認有助和平，臺灣時報，四版。

[99] 彭群弼，「逾半支持江陳協議 馬接見陳 藍綠各有定見」，中廣新聞網http://www.bcc.com.tw/

濟環境不振，馬英九的民調支持度仍然沒有顯著上升，在執政黨偏弱的情況下，國內對兩岸政策的分歧也開始出現。2013年兩岸商談兩岸經濟合作架構協議（ECFA）下的服務貿易協議，但因談判時的保密原則，使服貿協議在商談過程時缺少對國內的溝通說明。兩岸兩會在第9次會談時簽署服貿協議，協議文本公布後在國內引起爭議，協議送至立院審議時也遭到杯葛。

2014年11月29日舉行中華民國地方公職人員選舉（九合一選舉），國民黨席位及縣市長人數大減，執政黨大敗使兩岸政策的施行遭受更多檢驗，在2016年新一屆總統就職前，政府的兩岸政策也難有新的作為。

二、外部兩岸關係

2008年3月主張兩岸和解互動的馬英九當選總統，隨即在6月，海基會與海協會恢復自1999年以來中斷的協商，大陸方面則欣然接受這樣的轉變，認為兩岸形勢由嚴峻的「高危期」[100]轉變為形勢和緩的「機遇期」[101]。兩岸雙方互釋善意後，當時的中共總書記胡錦濤在北京人民大會堂藉由紀念「告臺灣同胞書」30週年的機會，提出「推動兩岸關係和平發展的六點主張」[102]（簡稱胡六點），被視為未來大陸

[100] 賈慶林，「臺獨活動猖獗使臺海局勢處在高危期」，人民網，2007年9月29日。http://tw.people.com.cn/BIG5/14810/6330504.html

[101] 陳雲林，「吳伯雄大陸行將為兩岸關係和平發展做出貢獻」，新華網，2008年5月26日。http://big5.xinhuanet.com/gate/big5/news.xinhuanet.com/tw/2008-05/26/content_8259607.htm

[102] 「紀念《告臺灣同胞書》30週年，胡錦濤發表重要講話」，新華網，2008年12月31日，http://www.xinhuanet.com/tw/20081231/

對臺政策的基本方針。胡六點也延續至2012年，成為中共「十八大」政治報告涉臺政策中最為重要的組成部分。胡六點分別是：恪守「一個中國」，增進政治互信；推進經濟合作，促進共同發展；弘揚中華文化，加強精神紐帶；加強人員往來，擴大各界交流；維護國家主權，協商涉外事務；結束敵對狀態，達成和平協議。

馬英九執政時期的兩岸關係，可大概分為制度化協商（官方接觸）、外交、人員往來（直航陸客陸生）、軍事、經濟交流等幾個面向。

（一）在制度化協商方面，2008年6月13日，海基會與海協會在北京釣魚台賓館簽署週末包機與陸客來臺觀光兩項協議[103]，為兩岸制度化協商正式奠基，自後。海基會與海協會互動頻繁，統計至2011年底，海基會收海協會函件達3541件、發文件數有8437件[104]，相較陳水扁執政8年，海協會只發函海基會41件，有相當大的差別。此外，兩岸簽署共23項協議，一步步建立兩會會談模式。前陸委會主委王郁琦在任時與張志軍建立兩岸事務首長定期性的會晤，也將朝兩岸協商制度化推進一步。

發展至今，兩岸協議主題漸強、漸趨實務與專業；協議訴求由原本的單邊優惠轉為雙方

103 江今葉、張銘坤，「海峽兩岸兩會正式簽署包機與觀光協議」，中央社，2008年6月13日

104 見表四。

互惠；兩岸協議開始碰觸低階政治性議題，內部的看法也轉而複雜；各部會的溝通愈見直接暢通，相較過去辜汪會談時極力避免官方露臉，現在的兩岸會談，雙方事務性官員也都能以職銜互稱。

（二）外交方面，馬英九開始推動「活路外交」，其精神在以務實精神為外交找活路，以「尊嚴、自主、務實、靈活」為原則，兩岸以「對話」代替「對抗」，在雙邊互信的基礎下外交休兵，不再進行惡性競爭式的「支票簿外交」（checkbook diplomacy），而是提倡「經貿外交」、「文化外交」和「形象外交」，節省國庫支出也提升國際形象。[105]馬英九在2008年7月在外交部談話指出，活路外交總體目標仍是鞏固邦誼，擴大友誼，參與國際與維護尊嚴，同時也相信如此可以使臺灣的外交情況變得更好、外交部預算的使用效率更高。他也認為，臺灣過去的臺灣困境「完全是因為臺灣與中國大陸在外交戰場上多年的競爭、鬥爭乃至於對立、衝突所造成的結果」。活路外交思考的是，「臺灣是不是在國際社會上每一個場域，都要與中國大陸對立與衝突，有沒有可能找出雙方互動、對話的模式」[106]。馬英九的

[105] 「活路外交」，總統府網站，http://www.president.gov.tw/Default.aspx?tabid=1077

[106] 「總統訪視外交部並闡述『活路外交』的理念與策略」，總統府新聞稿，2008年8月4日。

外交政策，希望中止兩岸邦交國的爭奪戰，並希望進一步促進臺灣參與國際組織。大陸與臺灣在外交休兵上建立默契，自馬英九上任至今，臺灣邦交國沒有減少，大陸方面也傳出過拒絕部分臺灣友邦建交的請求。不過，國內也有人提出外交休兵可能變成「外交休克」、「國防休兵」的擔憂。

在避免「兩個中國」的前提下，臺灣參與國際活動上也有些正面發展。2009年臺灣以觀察員的身分加入「世界衛生大會」（WHA）；2013年國際民航組織（ICAO）邀請中華民國民航局長以「理事會主席特邀貴賓身分」，率團以「中華臺北」名稱參加。

（三）人員往來方面，兩會在2008年6月13日於北京簽署週末包機與「海峽兩岸關於大陸居民赴臺灣旅遊」兩項協議[107]。正式開放兩岸觀光雙向交流；2008年11月4日簽署「海峽兩岸空運協議」與「海峽兩岸海運協議」，啟動兩岸空中、海上雙向直達航路，便利雙方人員來往，並在2009年8月31日起實施兩岸客運及貨運定期航班。[108]

2011年6月21日海基會與大陸海協會完成「海峽兩岸關於大陸居民赴臺灣旅遊協議修正文

[107] 江今葉、張銘坤，「海峽兩岸兩會正式簽署包機與觀光協議」，中央社。

[108] 行政院大陸委員會施政績效，陸委會網站，http://www.mac.gov.tw/ct.asp?mp=1&xItem=95055&CtNode=7159

件一」換文，陸客來臺自由行。陸客來臺政策經過多次調整，至今陸客團申請團體每日上限5000人次，自由行每日上限3000人。兩岸學生也開始有直接接觸，立法院於2010年8月19日三讀通過兩岸條例、大學法、專科學校法等「陸生三法」，教育部於2011年1月完成修訂「大陸地區學歷採認辦法」，公告採認41所大陸大學學歷。2013年3月教育部擴大採認111所大陸大學學歷，5月公告採認191所大陸專科學校學歷，試辦招收大陸專科畢業生來臺就讀二年制學士班。

陸委會認為，開放陸生來臺就學可展現臺灣民主、多元特色，促進校園國際化；增進學生多元交流，強化臺灣學生競爭力；促進兩岸青年互動與認識，助益兩岸和平發展[109]。前陸委會主委王郁琦說，政府希望讓陸生與臺灣青年有更多互動與了解；並累積陸生他們對臺灣的正面印象，日後可望產生對兩岸關係有所幫助的影響，「你永遠不知道，會不會有某個陸生30年後變成國台辦主任」。[110]此外，2008年以後各種大陸訪問團絡繹不絕，舉凡經貿、採購、文教、新聞、藝術、農業、觀光等，面向多元，兩岸人員往來

[109] 行政院大陸委員會施政績效，陸委會網站，http://www.mac.gov.tw/ct.asp?mp=1&xItem=95050&CtNode=7159

[110] 翟思嘉，「王郁琦：盼公平對待陸生陸配」，中央社，2013年3月26日。

交往頻密。

（四）軍事方面，兩岸軍方仍維持敵對狀態，禁止現役軍人接觸，馬政府對中共一再提出的軍事互信機制或協議不置可否[111]，針對中共積極爭取中華民國退役將領訪陸、舉辦研討會，國防部也始終採取既不背書、更不指導的立場[112]。不過，在馬英九任內，兩岸軍事對峙的情況顯著緩和，馬政府上任後，立即向美國重啟軍購議題。北京雖然不悅，但只對華府施壓，而不曾向臺北進行任何遊說；馬英九任內，大陸對臺飛彈數字幾乎沒有改變，反映北京對臺北的疑慮在減少，但同時，飛彈數量雖然停止上升，卻也沒有顯著降低。[113]

不過，兩岸在航空安全方面的磨擦仍偶有發生。大陸民航局2015年1月片面劃設M503等4條新航路，貼近臺北飛航情報區邊界，引起兩岸關係緊張，原定2月7日舉行的第三次兩岸事務首長會晤也因此喊停。

（五）經濟交流方面，馬英九上任後推動兩岸關係的全面改善，簽署多項協議，其中包括了觀光協

[111] 呂炯昌，「兩岸軍事互信 高華柱：沒政治互信前 不談軍事互信」，NOWnews，2012年3月15日。

[112] 蘇起，「馬政府時期兩岸關係的概況與展望」，《兩岸關係的機遇與挑戰》，臺北市五南，2013年9月，頁15。

[113] 蘇起，「馬政府時期兩岸關係的概況與展望」，《兩岸關係的機遇與挑戰》，臺北市五南，2013年9月，頁14。

議、直航協議、農產品檢驗檢疫協議、投資保障協議、貨幣清算協議及ECFA等等，對於臺灣的經濟發展及民生生活都有相當助益。兩岸貿易方面，隨著大陸的開放以及兩岸經貿來往日趨密切。

不過，2013年6月兩岸簽署服務貿易協議後，受到國內反對，2014年3月爆發太陽花學運，為了平撫國內對兩岸經濟協議的反對聲浪，朝野同意先行制定兩岸協議監督條例，但至今朝野對兩岸協議監督的內容條例仍然沒有共識，遲遲未能審議，連帶影響服務貿易及兩岸後續擬簽署的貨品貿易等經貿協議的生效。

據統計，2012年兩岸貿易總額是1622億美元，此外，去年1月28日兩岸貨幣清算制度正式啟動，2月6日臺灣正式開辦人民幣業務，迄今人民幣存款已超過2000億元，成為世界第四大人民幣離岸市場。大陸在2002年開始超越美國和日本，成為臺灣最大的貿易夥伴，臺灣對大陸之出口依存度2010年達到最高的48%。雖因歐美金融問題而有下滑，但整體而言，大陸仍為臺灣出口比重最高的地區，也是最大順差來源。臺灣也是中國大陸第六大投資國，2009年6月，馬英九政府開放大陸企業來臺灣投資，希望擴大兩岸經貿交流。

表四：2008年520馬政府上台後海基會收發大陸海協會函件統計表

年度	收文件數	發文件數
97年（2008年）5月20日以後	375	1,449
98年（2009年）	1,023	2,537
99年（2010年）	1,015	2,393
100年（2011年）10月31日以前	1,128	2,058

來源：海基會

三、大陸決策體系

馬英九時期的大陸政策決策體系已經較為成熟，由國安會做為總統最高決策幕僚。國安會編制1位秘書長、1至3位副秘書長、5至7位諮詢委員，秘書長總管相關事務，3位副秘書長則分管國防、外交、兩岸政策。2008年馬英九上任後，特任國安會秘書長蘇起，且因應當時兩岸「先經後政」的步驟，由中華經濟研究院大陸經濟研究所所長高長出任國安會副秘書長，主管兩岸議題，偏重經貿；直到2009年高長轉任陸委會擔任副主委，遺缺由前經濟部政務次長鄧振中擔任，主管兩岸，同樣偏重經貿。國安會下設5至7位諮詢委員，在國防、外交、兩岸領域中細分專長，馬英九政府重視兩岸關係，因此在兩岸經貿或兩岸政治等議題上，都有諮詢委員負責，有時甚至出現兩位諮委分管兩岸，如陳德昇與蔡宏明。國安會每周召開兩岸小組會議，由總統、國安會、國安局、陸委會等相關單位與會，討論重大兩岸決策，總統做出決策後，由陸委會統籌，各部會執行業務，最終交由海基會與大陸商談。

陸委會與海基會則有高層聯繫會報，就相關業務討論。照規劃，陸委會將政府政策及委託事項交付海基會，海基會也會在高層會報上提出需要政策支持的待解問題。此外，陸委會與海基會日常則由陸委會主任秘書兼任海基會副秘書長負責居間溝通。2014年2月，陸委會副主委張顯耀兼任海基會秘書長職務，讓政府機關與受委託民間團體間形成更緊密的聯繫，達到政策執行「一條鞭」的效果。後張顯耀因故去職，陸委會副主委施惠芬延續繼有模式，兼任海基會秘書長一職。

四、當時大陸政策

2008年政黨輪替，馬英九代表國民黨當選中華民國第12任總統，取得執政權，並重新開啟兩岸交流、對話管道。馬英九競選時的大陸政策其實早在2005年國民黨榮譽主席連戰赴大陸與中共總書記胡錦濤「連胡會」時，就已初見雛形。

2005年連戰以在野黨主席身分赴大陸展開「和平之旅」，與當時中共總書記胡錦濤，發表了「五項共同願景」，包括：

（一）促進盡速恢復兩岸談判，共謀兩岸人民福祉。促進兩岸在九二共識的基礎上盡速恢復平等協商，就雙方共同關心和各自關心的問題進行討論，推進兩岸關係良性健康發展。

（二）促進終止敵對狀態，達成和平協議。促進正式結束兩岸敵對狀態，達成和平協議，建構兩岸關係和平穩定發展的架構，包括建立軍事互信機制，避免兩岸軍事衝突。

（三）促進兩岸經濟全面交流，建立兩岸經濟合作機制。促進兩岸展開全面的經濟合作，建立密切的經貿合作關係，包括全面、直接、雙向三通，開放海空直航，加強投資與貿易的往來與保障，進行農漁業合作，解決臺灣農產品在大陸的銷售問題，改善交流秩序，共同打擊犯罪，進而建立穩定的經濟合作機制，並促進恢復兩岸協商後優先討論兩岸共同市場問題。

（四）促進協商臺灣民眾關心的參與國際活動的問題。促進恢復兩岸協商之後，討論臺灣民眾關心的參與國際活動的問題，包括優先討論參與世界衛生組織活動的問題。雙方共同努力，創造條件，逐步尋求最終解決辦法。

（五）建立黨對黨定期溝通平台。建立兩黨定期溝通平台，包括開展不同層級的黨務人員互訪，進行有關改善兩岸關係議題的研討，舉行有關兩岸同胞切身利益議題的磋商，邀請各界人士參加，組織商討密切兩岸交流的措施等。[114]

在連胡公報共識的基礎上，馬英九2005年7月當選國民

[114] 連胡會新聞公報，http://old.npf.org.tw/Symposium/s94/940615-3-NS.htm

黨主席後，把這五項願景列入國民黨政策綱領中，並成為2008年馬蕭陣營參與總統大選的政見。馬英九在第12任總統就職典禮上說：

我們將以最符合臺灣主流民意的「不統、不獨、不武」的理念，在中華民國憲法架構下，維持臺灣海峽的現狀。

我們今後將繼續在「九二共識」的基礎上，儘早恢復協商，並秉持四月十二日在博鰲論壇中提出的「正視現實，開創未來；擱置爭議，追求雙贏」，尋求共同利益的平衡點。

未來我們也將與大陸就臺灣國際空間與兩岸和平協議進行協商。兩岸不論在臺灣海峽或國際社會，都應該和解休兵，並在國際組織及活動中相互協助、彼此尊重。

馬英九在連任後的第13任總統就職典禮上說：

中華民國憲法是政府處理兩岸關係的最高指導原則；兩岸政策必須在中華民國憲法架構下，維持臺海「不統、不獨、不武」的現狀，在「九二共識、一中各表」的基礎上，推動兩岸和平發展；而我們所說的「一中」，當然就是中華民國。依據憲法，中華民國領土主權涵蓋臺灣與大陸，目前政府的統治權僅及於臺、澎、金、馬。換言之，二十年來兩岸的憲法定位就是「一個中華民國，兩個地區」，歷經3位總統，從未改變。這是最理性務實的定位，也是中華民國長遠發展、保障臺灣安全的憑藉。兩岸之間應該要正視這個現實，求同存異，建立「互不承認主權、互不否認治權」的共識，雙方才能放心向前走。

過去四年，我們依循「先急後緩、先易後難、先經後政」的原則，推動兩岸交流，不論是在經貿、交通、衛生、文化、教育、司法、金融等各方面，都創下歷史新高的紀錄。未來四年，兩岸要開拓新的合作領域，繼續鞏固和平、擴大繁榮、深化互信。也期盼兩岸民間團體在民主、人權、法治、公民社會等領域，有更多機會交流與對話，為兩岸和平發展創造更有利的環境。

綜觀馬英九的大陸政策基調，即「政府秉持在中華民國憲法架構下，維持臺灣海峽『不統、不獨、不武』的現狀，並在『九二共識、一中各表』的基礎上，以『先經後政、先易後難、先急後緩』的順序，推動兩岸和平發展」。[115]此外，推動兩岸文化、教育、交通、司法等各方面的交流，增進兩岸民眾、社會間的互相瞭解，期望以臺灣文化、價值觀影響大陸。

對兩岸關係定位，馬英九強調以「中華民國憲法增修條文」和「兩岸人民關係條例」為法源，「臺灣、澎湖、

[115] 陸委會，大陸工作參考資料

金門、馬祖及政府統治權所及之其他地區」；而「大陸地區」則是「臺灣地區」以外的中華民國領土。中華民國雖對大陸地區主張憲法上的主權，但已無事實上的治權，中華民國不應也不會否認大陸當局在大陸有效實行統治權的事實。因此，兩岸「互不承認對方的主權」；但「互不否認對方的治權」。[116]在擱置爭議的基礎上，馬英九執政時期，兩岸經濟、政治、社會、文化等方面的交流頻繁，2008年6月，兩岸兩會再度開啟自1993年辜汪會談後停滯的制度性商談，簽署多項攸關經濟、民生的協議；海基會與海協會也再度扮演雙方政府的「白手套」，但與此同時，兩岸官方也開始有了協商業務、政策溝通的對話機制，並擬進一步形成常態性的溝通管道。[117]

馬英九第二任期的大陸政策更加強調制度化的重要性，馬英九認為，藉由兩岸「和解制度化」過程，建立起諸多明確或潛在的原則、標準、規範以及程序，也讓雙方的期望有所交集，使兩岸關係中產生「可預測性」，減少誤判的可能性外，促成臺海與區域的穩定局勢，也讓任何企圖扭轉此種趨勢的成本增加。[118]同時，馬英九政府也加重對大陸正視中華民國存在事實的呼籲，希望透過制度化交往，一步步增近雙方政府理解及互信，2013年亞太經合會（APEC），陸委會主委王郁琦以幕僚身分陪同經合會領袖代表蕭萬長出席，

[116] 陸委會網站，大陸工作參考資料http://www.mac.gov.tw/lp.asp?ctNode=7110&CtUnit=4850&BaseDSD=7&mp=1

[117] 羅印沖，旺報，「王郁琦：陸有顧忌 王張會沒開成」中，王郁琦說，「陸委會與國臺辦雖已建立溝通管道，但希望將此管道建立為常態溝通機制」。

[118] 趙春山主編，兩岸關係與政府大陸政策，臺北市：三民，2013年，頁18。

並在蕭萬長與習近平會面的場合外，與國台辦主任張志軍會面並以官銜互稱；2014年王郁琦訪南京，與張志軍進行一次正式兩岸事務首長會晤、一次非正式茶敘，被視為馬英九政府在兩岸政策上的一大突破。其後，王郁琦與張志軍分別在2014年2月張志軍訪臺、2014年11月APEC期間會晤，繼任的陸委會主委夏立言與張志軍也循既定模式互訪，建立制度化高層互訪機制。

五、領導人因素

兩岸1987年開放探親，兩岸關係開始發展之時，馬英九就在陸委會前身行政院大陸工作會報時期擔任執行秘書，到1990年擔任國家統一委員會研究委員；陸委會成立後，馬英九擔任行政院大陸委員會特任副主任委員（部長級）並兼任發言人，直到1993年2月接任法務部部長。在國統會期間，馬英九參與解釋兩岸國家定位、制訂兩岸人民關係條例、籌設行政院大陸委員會與海峽交流基金會，並經歷兩岸歷史性的辜汪會談。馬英九對兩岸關係歷史背景可謂相當瞭解，兩岸原本就屬於總統職權，加上馬英九過去的經歷，使他對兩岸關係更有自己的想法，2008年競選總統時，馬英九提出兩岸和解，建立制度化管道的想法，上任後，兩岸兩會復談，簽署多項民生協議。2009年，馬英九在「黃金十年，國家願景」中提出更完整的兩岸政策。

馬英九對兩岸議題的瞭解及掌握，卻同時弱化了兩岸政策事務主管機關陸委會的功能，2008年馬英九任命對兩岸議題不具經驗、且臺獨背景的賴幸媛擔任陸委會主委，引起國內政壇反彈[119]，大陸當局也冷漠以對[120]。賴幸媛任職陸委會主委期間，兩岸關係正在融冰，彼此一片和氣，加上在執政黨國民黨內沒有影響力，賴幸媛並沒有太多自主性，也缺少獨當一面解釋或提出政策看法的機會，主要功能不脫政策辯護、政策宣導。相較陸委會，海基會「兩岸復談」的光芒顯然較為強些，海基會雖是受委託單位，卻在兩岸關係的軟性層面上有更大發揮空間。

到馬英九第二任期後，兩岸關係發展已開始觸及政治議題，不再只是單純的經貿協議，宣導溝通，因此2012年10月2日，長期擔任馬英九幕僚，獲得馬英九相當信任的前國安會諮詢委員王郁琦接替賴幸媛擔任陸委會主委。不過，由於王郁琦過去經歷不涉兩岸領域，也非相關學界出身，初上任表現不佳[121]，使這件人事命令在國內受到批評。另一方面，海基會董事長也由江丙坤換為前國民黨秘書長林中森，與王郁琦相似，林中森過去沒有在兩岸相關領域任職或處理事務的經驗，他也自承因職務關係，過去從沒去過大陸[122]，總統馬英九也形容林中森是「一張白紙，發揮的空間也更大」[123]。

馬英九任用其相當信任的王郁琦擔任陸委會主委，確保

---

[119] 「賴接陸委會引黨內反彈 馬辦：馬英九兩岸立場未變」，中央廣播電臺網，2008年4月30日。

[120] 中國國臺辦發言人李維一對賴幸媛接陸委會表示不會做出評論、也不發表看法。「賴幸媛出任陸委會主委 中國國臺辦不評論」，中央廣播電臺網，2008年4月30日。

[121] 「王郁琦尷尬不識賈慶林：給我點時間」，旺報，2012年10月2日，13：54。

[122] 翟思嘉，「林中森善溝通 自詡勤快」，中央社，2012年10月12日。

[123] 李淑華，「馬英九讚林中森 使命必達」，中央社，2012年9月27日。

兩岸政策走向不會偏頗或失控；任用與大陸政商毫無淵源的林中森，確保兩岸協商制度化不受人為因素影響；同時，兩人都非兩岸專業領域出身，卻職掌陸委會與海基會這兩個大陸政策制訂與執行機關，也體現馬英九兩岸決策不欲假手他人的想法。

六、兩岸談判方式

馬英九執政時期，兩岸建立制度化協商管道，兩岸簽署協議最初著墨在民生議題，促進兩岸往來互通，但隨著2010年簽訂兩岸經濟合作架構協議（ECFA），兩會會談議題開始進入較艱難的經貿談判，並涉及部分政治議題，此時的談判協商一面需顧及對外取捨，另一方面也要面對國內對協議內容的不同聲音。也因為協議內容愈趨專業，馬英九執政時期的兩岸談判主力也在慢慢由海基會轉變為各相關政府機關，視協議內容，由兩岸主管機關對口協商談判，陸委會統籌、協調各機關間的談判內容及方式。例如，ECFA涉及兩岸經貿，就由經濟部與大陸商務部主談，當中涉及農產品開放，則由行政院農業委員會與大陸農業部對口協商；又如兩岸簽署共同打擊犯罪及司法互助協議，當中涉及人員往來，則由法務部、內政部入出國及移民署與、內政部警務署與大陸對應單位協商。海基會在兩岸談判中的角色淡化，地位也下降。

七、其他兩岸接觸管道

馬英九時期兩會建立制度化協商管道，相關部會間也有直接的業務接觸，但除此之外，兩岸間高層互動有賴其他管道進行，以建立互信，避免誤判情勢。

（一）兩岸經貿文化論壇

兩岸經貿文化論壇俗稱國共論壇，緣起於2005年3月，時任中國國民黨副主席的江丙坤率領大陸參訪團，與時任中共中央台辦主任陳雲林達成「十二項初步共識」[124]；同年4月，時任中國國民黨黨主席的連戰率團訪問大陸，展開「和平之旅」，連戰與胡錦濤會見並共同發表「兩岸和平發展共同願景」[125]，其中，第5點載明要「建立黨對黨定期溝通平台。建立兩黨定期溝通平台，包括開展不同層級的黨務人員互訪，進行有關改善兩岸關係議題的研討，舉行有關兩岸同胞切身利益議題的磋商，邀請各界人士參加，組織商討密切兩岸交流的措施等」。此後兩黨人士定期召開論壇，即為現今的國共論壇。馬英九開始執政至今，先後舉辦了6屆兩岸經貿文化論壇（下稱國共論壇），分別是第四屆（2008年12月20至21日），主題為「構建兩岸經濟交流制度化安排、拓展兩岸金融及服務業合作、促進兩岸雙向投資」；第

124 「中臺辦與國民黨參訪團會談取得12項初步成果」，人民網，http://tw.people.com.cn/BIG5/14810/3282463.html

這12項成果分別是：盡快推動實現兩岸客運包機「節日化」、「常態化」；加強兩岸農業合作；解決臺灣農產品在大陸銷售問題；恢復對臺輸出漁工勢務合作業務；鼓勵和推動兩岸金融、保險、運輸、醫療等服務業的合作；贊成在互惠互利的基礎上，商談並簽訂保護臺商投資權益的民間性協議；促進兩岸縣市之間、鄉鎮之間對口交流；促進兩岸新聞交流；積極做好大陸居民赴臺旅遊的準備；進一步研擬臺灣同胞往來大陸的便利措施；推動兩岸共同打擊犯罪等。

125 連胡會新聞公報，http://old.npf.org.tw/Symposium/s94/940615-3-NS.htm

五屆（2009年7月11至12日），主題為「推進和深化兩岸文化教育交流合作」；第六屆（2010年7月8至11日）主題為「加強新興產業合作、提昇兩岸競爭力」；第七屆（2011年5月6至8日，主題為「深化兩岸合作，共創雙贏前景」；第八屆（2012年7月28至29日）主題為「深化和平發展，造福兩岸民眾」；第九屆2013年10月26至27日），主題為「擴大交流合作，共同振興中華」。

兩岸關係自2008年國民黨執政之後開始快速進展，建立兩會協商機制，並展開各種溝通對話，國共論壇功不可沒[126]。2008年以前，國民黨仍在野，即透過國共論壇與大陸形成諸多共識、建議或各項惠臺措施，雖在野期間難以實施或落實，但國民黨重回執政沒多久，兩岸就於2008年6月舉行第1次「江陳會談」，之前所達成的共識在後續會談一一落實，兩會並逐步建立形成一套協商程序的制度化安排。「國共論壇」重要性漸增，會上所達成的共識成為兩岸兩會協商的主要指標。

國共論壇舉行至今，國民黨大陸事務部主任高輝歸納出國共論壇的主要功能有[127]：

建立高層互動平台。2006年國共論壇推動以來，國共高層憑藉著此平台進行各種接觸。連戰便曾於第一屆、第三屆國共論壇前後與時任中共中央總書記胡錦濤會晤；2008年，大陸主動邀請時任中國國民黨主席的吳伯雄至北京與胡錦濤見面；2009年第二次「吳胡會」前，吳伯雄就曾表示

[126] 高輝，「國共論壇的現況與發展」，《兩岸關係的機遇與挑戰》，頁278。
[127] 同上

「國共兩黨領導人一年見面一次，是很自然的，也是很有必要的」[128]。高輝認為，吳伯雄在馬英九的授權之下進行會談，也可說是兩岸執政黨高層的直接對話。透過這樣的方式進行互動，對於兩岸關係和長期的和平發展，有著很大的助益。不僅可以清楚地理解雙方的立場，更可透過此種管道，表達臺灣人民的需要，進而以承諾換取合作與交流。

此外，也是政策制訂的指標。自2006年舉辦第一屆國共論壇以來，國共論壇逐漸擴大邀請對象，2013年第9屆國共論壇，邀請國共兩黨及其他各黨派人士、兩岸相關部門主管、專家學者，以及經濟科技界、文化產業界、教育界等業界代表人士出席[129]。吳伯雄曾表示，國共論壇將繼續存在，與海基會相輔相成，就像雙腳行走，才能走得更遠、更穩[130]。高輝認為，透過國共論壇的互動，提出指標性的政策，交流後將意見忠實傳達給政府部門參考和取捨，對海基會與海協會溝通協商有正面助益。在國共論壇剛建立時擔任國民黨大陸事務部主任的張榮恭提出數據認為，在過去的八屆兩岸經貿文化論壇中，共達成137項結論[131]，成為兩岸政府決策的重要參考，或者成為兩岸制度性協商的議題。由於當前國共兩黨各為兩岸的執政黨，所以兩岸經貿文化論壇的

---

128 「吳伯雄：國共兩黨領導人每年見面很有必要」，中評社，http://hk.crntt.com/doc/1009/7/8/9/100978963.html?coluid=7&kindid=0&docid=100978963

129 晏明強，「第九屆國共論壇　下月26日廣西南寧舉行」，蘋果日報，2013年09月25日。

130 「吳伯雄：國共平臺與兩會如雙腳交互前進」，中央廣播電臺，2008年5月28日，http://news.rti.org.tw/index_newsContent.aspx?nid=154678

131 第九屆兩岸經貿論壇在2013年10月26、27日舉行，會後提出19項建議。

政治意涵與實踐效力，遠非其他論壇所能比擬[132]。

（二）博鰲亞洲論壇

博鰲亞洲論壇以經濟導向，參與成員並不嚴格界定須有國家身分，蕭萬長創立的兩岸共同市場基金會是臺灣唯一的博鰲亞洲論壇成員。但博鰲亞洲論壇在臺灣一開始並沒有受到太多重視，直到馬英九2008年當選中華民國總統，為推動兩岸交流對話，博鰲亞洲論壇成為兩岸「融冰」關鍵一會，在國內外引起極大關注。

2008年蕭萬長以兩岸共同市場基金會董事長的身分率團參與博鰲論壇，同時，蕭萬長也以副總統當選人的身分創下兩岸自1949年來最高層級的面會。當時蕭萬長於蕭胡會中提出「十六字箴言」：「正視現實、開創未來、擱置爭議、追求雙贏」，傳達未來領導方向；並提出4大要求，包括儘快啟動週末包機，實現大陸居民來臺旅遊，恢復兩岸協商交流，讓兩岸經貿正常化。胡錦濤隨即積極回應，兩岸關係於焉建構發展基礎，自後，這個國際經貿年會，正式建立為兩岸溝通管道之一。之後蕭萬長卸除兩岸共同市場基金會職務，交由詹火生擔任董事長。2009年博鰲亞洲論壇由前監察院長、國泰慈善基金會董事長錢復率團參加，與當時大陸國務院副總理溫家寶會面，提出「同舟共濟，相互扶持；深化合作，開創未來」16字理念，帶給對岸；2010年錢復與當時大陸國家副主席習近平會晤；2012年由副總統當選

132 張榮恭，「國共平臺的現況與展望」，《兩岸關係的機遇與挑戰》，頁267。

人吳敦義率團參加博鰲論壇，與當時內定接班的大陸國務院副總理李克強會晤，吳敦義提出「求同存異，兩岸和平，講信修睦，民生為先」，勾勒兩岸關係發展的方向。

2013年博鰲論壇，率團代表蕭萬長提出3點期許，包括共同面對全球新局、共同構築兩岸願景，以及共同參與區域整合；及16字箴言：「面對新局，共築願景，攜手亞太，振興中華」[133]。

博鰲亞洲論壇自2008年來一直是兩岸高層會面的重要場域之一，已成為兩岸重大經貿政策的試水溫平台，每次年會舉行，馬英九多會在行前會見博鰲論壇代表團，有時也會藉此傳遞重要訊息，使博鰲代表團成為兩岸少數「有授權」的高層溝通管道。歷來包括兩會復談、直航陸客、對臺採購、ECFA等，都在這一特殊對話平台上進行，而兩岸政府關於政策方向的宣示，也都會選擇在博鰲喊出。博鰲亞洲論壇不僅提供臺灣企業參與各項專業論壇、多邊交流的機會，同時也推動兩岸企業家對話，強化兩岸高層次政策對話與建構經貿合作平台的作用[134]。

（三）連胡會與APEC

2005年連戰以國民黨主席身分赴大陸與當時中共總書記胡錦濤會面，雙方會面後發表「五項共同願景」。連戰與胡錦濤的這次會面，是兩岸當時最高層級的政治人物會面，

[133] 黃國樑，「蕭習會 蕭提兩岸3期許 16字箴言」，聯合晚報，2013年4月8日。
[134] 陳德昇，「2013年博鰲論壇與區域合作中的兩岸關係」，《中共研究》，第47卷第5期，2013年5月，頁126-127。

雖然其時國民黨已經下野，但仍有重新執政的企圖，與大陸重建關係，成為國民黨重要的策略之一，外界事後將這次會面稱為「破冰之旅」。之後連戰與胡錦濤多次透過兩岸經貿文化論壇、APEC會面，在2008年國民黨重返執政後，國共論壇由當時的國民黨主席吳伯雄接手，連戰開始承接更大任務，以APEC領袖代表身分在APEC期間與胡錦濤會晤。

連戰在2008年至2012年共參與5次APEC，並都與胡錦濤會晤，雙方互相傳達彼此的立場政策，也提出兩岸關係進展的需求，諸如商簽ECFA、臺灣國際空間議題等。

2012年11月15日，中共第十八屆一中全會選出習近平為新任中共總書記、中央軍委主席，2013年3月習近平接任國家主席，成為中共新一代領導人。2013年2月25日，連戰接受習近平邀請赴大陸會晤，並在隔天2月26日與卸任的胡錦濤會晤。連戰在「連習會」上提出「一個中國、兩岸和平、互利融合、振興中華」，因提及「一中」未提「各表」，在國內引起重大爭議，總統府對外強調連戰這次訪問是民間人士身分，總統府沒有授權，這16字是連戰「個人看法」[135]；連戰方面則反駁稱這16字內涵，都在行前向總統馬英九報告過，獲得認可[136]。

這次爭議引起國內討論，即兩岸關係是否應該擺脫過去將政治人物私人情誼置於高位的反思，由政黨前任黨主席持續扮演兩岸溝通橋樑，傳遞政策，可能不利於馬英九將兩岸各種互動制度化的想法，也使兩岸關係摻雜太多人為的

[135] 黃名璽，「連習會16字 府：未向總統提」，中央社，2013年2月26日。
[136] 黃維助，「一中16字箴言爭議 連馬陣營互嗆」，自由時報，2013年3月1日。

變項。因此，2013年度的APEC，改由前副總統蕭萬長出席，同時，陸委會主委王郁琦也首次以幕僚身分陪同出席，陸委會在行前表示，由陸委會負責處理「蕭習會」的相關幕僚作業，是兩岸關係正常發展的重大突破，將一切回歸制度面運作後，對兩岸關係良性互動與互信的深化，具有重要意義。[137]

自2008年開始，每年會前會後，馬英九都會接見APEC經濟領袖會議代表團，同時，每年兩岸也都會依例在APEC會議期間舉行非正式會晤，兩岸雙方透過這個平台對話溝通，也對外傳達政策方向。馬英九2013年接見蕭萬長率領的APEC經濟領袖會議代表團時曾說；APEC雖然是一個區域的論壇、一個多邊的會議，但是雙邊的對話，重要性絕對不亞於多邊的討論，「同時也可以在兩岸關係跟國際關係上找到一個並進的情勢」[138]。就APEC在兩岸關係的功能給予高度評價。

不過，隨著兩岸關係進展，授權「領袖代表」出席APEC的模式也漸漸受到挑戰。馬英九在2013年APEC舉行前曾公開表示，會爭取親自出席APEC，「我既然是經濟體的領袖，但為什麼我不能參加，還要派領袖代表參加？」[139]2013年陸委會主委王郁琦以幕僚身分陪同出席APEC，並與陪同習近平出席的大陸國台辦主任張志軍在場外會面並互稱對方官銜，這項陸委會與國台辦的突破，也

[137] 翟思嘉，「蕭習會擬制度化 陸委會挑大樑」，中央社，2013年10月04日。
[138] 李淑華，「馬總統肯定APEC是重要平臺」，中央社，2013年10月11日。
[139] 黃名璽，「出席APEC 總統：努力爭取」，中央社，2013年08月15日。

使兩岸官方接觸層級能否更進一步的聯想開始擴大。2014年APEC在大陸北京舉辦，總統府與陸委會因此皆提出藉APEC，促進兩岸領導人馬英九與習近平會面，以規避兩岸領導人會面時尷尬的名稱、地點問題。陸方則拒絕這項提議。

直到2015年11月7日，馬英九與習近平在新加坡香格里拉飯店舉行具歷史意義的兩岸領導人正式會晤，雙方在第三地、互稱先生，迴避目前兩岸關係中的敏感問題。

表五：連胡12次會面

次數	時間	地點	事由	會面重點
第一次	2005年4月29日	北京	—	連胡提出五項共同願景
第二次	2006年4月16日	北京	第一屆兩岸經貿文化論壇	連提堅持九二共識、平等協商等四建議
第三次	2007年4月28日	北京	第三屆兩岸經貿文化論壇	—
第四次	2008年4月29日	北京	—	胡提「建立互信，求同存異，擱置爭議，共創雙贏」
第五次	2008年8月8日	北京	連戰出席北京奧運開幕式	—
第六次	2008年11月21	祕魯利馬	APEC領袖代表非正式會晤	—
第七次	2009年11月14日	新加坡	APEC領袖代表非正式會晤	爭取啟動ECFA協商
第八次	2010年4月29日	上海	連戰出席上海世博會開幕式	—
第九次	2010年11月13日	日本橫濱	APEC領袖代表非正式會晤	—
第十次	2011年11月11日	美國檀香山	APEC領袖代表非正式會晤	—

第十一次	2012年9月7日	俄國	APEC領袖代表非正式會晤	—
第十二次	2013年2月25日	北京	連戰與習近平會面	—

資料來源：作者製表

第三章
觀察：海陸磨合

第一節　油門或煞車，海陸的授權拉鋸戰——李登輝執政時期

一、國內政治因素

李登輝執政初期，國民黨內政發生以李登輝為首的「主流」派，與以李煥、林洋港、郝柏村等人為主的「非主流」派之爭。由於時值兩岸開始接觸、雙方關係慢慢解凍，兩岸事務攸關中華民國發展，成為當時政府最重要的決策領域，主流與非主流因此都亟欲掌握大陸事務決策權，也連帶使1991年成立的陸委會、海基會染上主流與非主流派系色彩。陸委會主委黃昆輝被歸類於李登輝的親信，以教育背景接任過去與之毫無淵源的陸委會；海基會第一任秘書長陳長文，在當時被歸類為行政院長郝柏村一系，在雙方都各自有色彩的情況下，陸委會與海基會在成立初始，就註定有待磨合之處。

在訪談中，海基會方面不否認陳長文的非主流色彩，但他也認為，主流非主流都是國民黨內部的問題，是「茶壺裡的風暴」，不會影響陸委會與海基會關係[1]；陸委會方面則認為，黃昆輝接任陸委會主委一職，可能與他任政務委員時，兼任三民主義統一中國大同盟秘書長、或與省籍因素有關[2]。不過，另一位海基會秘書長則有不同看法，他說，上

[1] 見訪談二。

[2] 見訪談一。

層鬥爭會影響海基會與陸委會的關係，表面上是主流與非主流的紛爭，但其實牽動到更高層次。他舉例，在與海協會協商過程中，有次他人還在飛機上，就接到電話，要求他在向內報告協商相關資訊時，換人報告。他認為，當時兩股勢力都想攔截、掌握兩岸事務，是造成陸委會與海基會互動過程中不安的因素[3]。

同時，上層指令來源眾多，且互不協調，也是造成陸委會與海基會衝突的原因之一。

主流與非主流問題還帶來信任問題，其時陳長文的非主流色彩，讓李登輝無法全心信任海基會，陸委會因此也對海基會多所限制，連帶也限縮海基會在推動兩岸交流事務的空間，一個很顯著的例子是「希望工程」。

1992年8月，海基會綜合服務處擬定兩岸共同推動「希望工程」計畫，幫助大陸兒童復學。1993年8月21日海基會董監事會議通過此案，陸委會卻不贊成，並印發說帖說明大陸發起「希望工程」的背景，呼籲社會三思，雙方互持立場到11月，海基會放棄希望工程計畫。這期間，陸委會顯現出對海基會的不信任。海基會方面回憶，當時海基會董事為希望工程這件事開會，「會後去吃了頓飯，陸委會還來調查海基會是不是有這回事，甚至還要看我們的帳，看是不是有開會、有沒有吃飯」[4]。

主流與非主流之爭也對陸委會、海基會的初始設計產生極大影響。海基會方面表示，當初成立海基會時，行政

[3] 見訪談三。

[4] 見訪談二。

院長郝柏村以「一個硬幣的正反面」形容陸委會與海基會，因此，既然是一體兩面，當然沒有高下之分，這是當初郝柏村、陳長文等人的想法。因此，海基會當初的組織功能，幾乎和陸委會相對應，就是希望海基會能代表中華民國政府，到大陸談判協商。曾有傳言，當時海基會的組織章程到陸委會，陸委會特別把海基會改成下級單位；送到行政院後，郝柏村又交給相關人員，把章程又改回來[5]。因為政治上兩座山頭並立的情勢，使海基會在一開始就沒有「居於下」的認知，在受政府委託協商兩岸事務時，對陸委會的管控自然相當抗拒。

除了執政黨內的派系鬥爭，當時陸委會與海基會關係趨於緊繃，也與在野黨的監督有很大關係。

兩岸兩會成立前，兩岸雙方透過紅十字會處理遣返問題，「金門協議」是雙方商定以祕密方式進行，只有極少數的人士參與決策。但也因為「金門協議」的祕密進行模式，讓臺灣部分民眾與在野黨擔憂，不管是在邏輯上、理論上，兩岸隨時都可能正在進行著各種祕密授權的談判，或政治傳話。[6]因此在辜汪會談前，民進黨立委就要求辜汪會談後，辜振甫應向立法院報告；或讓國會議員參與辜汪會談[7]，在遭遇執政黨反對後，民進黨立委也在立法院攻擊辜振甫「賣

---

[5] 見訪談五。

[6] 王銘義，《不確定的海峽》，「金門協議—國際紅十字旗下的兩岸紅會談判」，時報，1993年。

[7] 周梓萱，陳水扁認會後辜應向立院報告，中國時報，1993年3月16日，三版。

臺」[8]，要求撤換辜振甫[9]，否則將凍結陸委會年度預算，使辜振甫一度提出強烈抗議並考慮辭去海基會董事長職務，退出辜汪會談；辜汪會談期間，民進黨自行成立辜汪會談觀察團，多名民進黨人士組團赴新加坡表達訴求。

反對黨的強烈訴求使陸委會在面對兩岸協商談判時更加謹慎、保守，為避免國內爭議，在海基會代表團每次協商談判前，陸委會會召開行前記者會，公開談判內容。在陸委會的立場，如果談判不完全按照規劃來走，陸委會很難面對立法院，且若談判過程不夠透明、明確，執政黨勢必要承受所有國內的責難，因為這些原因，讓兩岸之間的談判或文字上不能有一點空間。但另一方面，在談判前就先公布底線的做法讓海基會相當不滿，海基會認為，針對前線的談判代表處處設限，將嚴重阻礙談判進度。海基會方面說，陸委會的授權內容相當細，沒有任何空間，且每一次談判前，都會公開海基會的授權內容，讓談判人員沒有隨機應變的空間，是「被綁起來的」[10]。當時就有媒體記者認為，陸委會因臺灣內部的政治多元化背景，及政府監督體制做出的限制，導致前線談判代表幾乎是陷入腹背受敵，三面夾攻的艱難局

8 李志宏，立委掀辜家賣臺紀錄促撤換辜振甫，臺灣時報，1993年4月23日，二版中報導：多位民進黨立委發言指責辜振甫，葉耀鵬說，外界對拒絕學者參與有多種版本，其實是辜振甫反對學者參與，辜家是賣臺家族，當年辜顯榮引日軍入臺，如今辜振甫要引中共入臺；尤宏說，「邱唐會談」是在談嫁妝，嫁妝就是全臺灣，「辜汪會談」是在談結婚日期，直接進入國統綱領長程計畫，最後結論是臺灣被迫嫁與中共，陷入萬劫不復境地；陳水扁則要求辜振甫為其父賣國求榮行為道歉、辭去執政黨中常委、取消辜汪會談。

9 游其昌，辜汪會談拒絕學者民進黨將採必要手段監督會談，聯合報，1993年4月22日，三版

10 見訪談四。

面。[11]

陸委會與海基會因立場的不同、對談判方法的看法不一，相當程度激化彼此的對立。此外，國內媒體對海基會的看法與報導，也影響陸委會對海基會的管控程度。

邱進益1993年4月到北京預備性磋商時，海協會為表禮遇，計畫安排海基會協商團隊下榻釣魚台國賓館，但因隨行媒體無法進駐，遭到國內在野黨批評，質疑如此一來缺少媒體監督，過程不透明，會是黑箱作業，海基會因此取消住宿釣魚台賓館的計畫；到了要去新加坡舉行辜汪會談前夕，住宿飯店再成話題。邱進益屬意古老又昂貴的萊佛士酒店，但萊佛士酒店的房價非記者的出差費可負擔，媒體與在野黨強烈反對，海基會最後也沒有住成。這兩次的飯店風波都使陸委會受到「連累」，在立法院備詢時受到立委強烈砲轟，這使得陸委會開始過問海基會處理的所有大小事，甚至包括海基會原先可以自行處理的庶務。[12]

雖然在李登輝執政時期，在野黨對兩岸談判的監督相當強，但立法機關在兩岸議題上沒有改變政策的力量，在野黨在國會屬於少數，杯葛力量仍弱；同時，李登輝執政時期兩岸僅簽署四項協議，議題集中在迫切需求的實務性議題，立法院在後續監督的角色並不特別凸顯。

[11] 王銘義，邱進益頗有處於「腹背受敵，三面夾攻」感覺，中國時報，1993年4月26日，二版。

[12] 孟蓉華，「辜汪會談20周年回顧」，海基會交流月刊第128期，頁28，2013年4月。

二、外部兩岸關係

自1987年11月2日開放大陸探親之後，兩岸間的往來日趨頻繁，也衍生了許多問題，但是政府與大陸不接觸、不談判、不妥協的「三不政策」無法立刻拋棄，因此有意設立一個民間單位來解決政府不能直接出面處理的問題。1991年1月28日，行政院大陸委員會成立；3月9日，海峽交流基金會掛牌運作，成為代替兩岸官方對話的「白手套」。大陸方面則在1991年12月16日成立海峽兩岸關係協會，與海基會對口，開啟兩岸制度化協商的第一步。經過多次協商、談判，及雙方對「一個中國」問題的激盪與共識，海基會董事長辜振甫與海協會會長汪道涵於1993年4月27至28日在新加坡舉行「辜汪會談」，簽署兩岸公證書查證協議、兩岸掛號函件查詢補償事宜協議、兩會聯繫與會談制度協議及辜汪會談共同協議等四項事務性協議。

雖有過去紅十字會受託處理遣返、簽訂金門協議等經驗，但新成立的民間團體海基會，與陸委會之間隸屬又合作的關係，卻沒有前例可循，兩岸海基會與海協會在這個階段頻繁接觸，海基會與陸委會的互動也因此更為頻繁，需要磨合的狀況自然也相當多，當中包含制度因素（海基會是民間團體，與陸委會的上下從屬關係難簡單界定）、也包含人的因素，如陳長文的性格、邱進益連降四級難以放低姿態等，陸委會與海基會在一開始對兩岸談判的立場就有差異，又沒有經過太多時間的磨合，就率先上陣，在高度壓力下進行多次談判協商，衝突自然是難免。不過，雖有衝突，陸委會與海基會彼此也維持相當緊密的合作關係，雖在授權等技術性問題上迭有爭執，但對外爭取國家利益的大方向仍然一致。陸委會方面在訪談中說，當時陸委會與海基會的問題沒有那麼嚴重，大部分時候仍然是合作無間的[13]；海基會方面也在訪談中也認為，當時陸委會與海基會是協調出了問題，但都是茶壺裡的風暴，對兩岸政策、對外談判，都不是問題[14]。

陸委會與海基會的磨擦因互動頻繁而生，在兩岸關係再度惡化後，陸委會與海基會也因此不再有衝突。1995年6月李登輝訪美於康乃爾大學發表「民之所欲，長在我心」演說後、1999年7月，李登輝接受德國之聲專訪時提出「兩岸是特殊的國與國關係」論（兩國論）後，使大陸方面極為不滿，宣布推遲第二次辜汪會談，並中斷兩會制度性協商機制。歐陽聖恩形容，1995年6月16日中共宣布推遲二次辜汪會談，是兩岸關係的一個「分水嶺」，也是海基會「鳳凰變麻雀」的日子。從此海基會副秘書長以上的層級被拒絕進入大陸，大陸到海基會拜會的人士急劇銳減。海基會與海協會之間的交流近乎停頓，海基會失去了談判的戰場，交流的功能也大打折扣，只剩下文書查證的服務工作，其武功已大半被廢除[15]。兩岸協商全面中斷的情況下，海基會失去舞台，陸委會各項已完成的協商規劃及開放措施，只好束之高閣，千篇一律的官方說法，只有「期待中共的善意回應」[16]。在

13 見訪談一。

14 見訪談二。

15 歐陽聖恩，《再見，白手套——海基會二〇〇〇日》，（臺北，商周文化，1997年），頁136。

16 歐陽聖恩，《再見，白手套——海基會二〇〇〇日》，（臺北，商周文化，

沒有業務的情況下，陸委會與海基會的接觸也少，根本沒有發生衝突的機會。另一方面，李登輝在1996年成為中華民國首任民選總統後，已經完全掌握執掌權力，陸委會代表總統傳達政策，海基會的不同聲音也變得較少。

海基會方面在訪談中說，因為兩岸不再協商談判，1997年，海基會一度差點被解散，變成陸委會的協調局或談判局、交流局，且都已列入國安會議程，後經反對才作罷[17]。

三、當時大陸政策

李登輝主政初期，採取務實開放的大陸政策，推動兩岸在對等、確保臺灣安全與利益優先的前提下，發展兩岸民間交流，以交流促變；此外，李登輝也主張確立兩岸「對等政治實體」的架構，重視兩岸對等協商，因應形勢成立陸委會與海基會，推動兩岸制度性協商，促成第一次辜汪會談。不過，在當時中共堅持一個中國原則、並寄望兩岸盡快政治協商談判的情況下，李登輝看待兩岸關係的立場則重在突顯中華民國（臺灣）是「政治實體」，要求與中國大陸對等談判，也因此，在攸關主權的各項議題上，李登輝寧收勿放，在授權對大陸協商談判方面，陸委會的立足點也趨向保守。

一個顯著的例子是，辜汪會談結束後，陸委會主委黃昆輝在陸委會舉行記者會，稱讚這次辜汪會談能在兩岸「理性、和平、對等、互惠」的基礎下開創先例，會談結果能結

1997年），頁139。

17 見訪談五。

合現階段兩岸交流政策與民間需要，為兩岸交流制度化邁出一大步。但黃昆輝也呼籲，對辜汪會談結果應有四點認識：

（一）兩岸關係仍處於敵對狀態，中共仍經常提出武力恫嚇，無視我政府之存在，對我敵意未消，辜汪會談只是兩岸民間交流制度化的起點，絕非表示中共對我敵意已消。

（二）大陸政策近程目標不會改變，會談的舉行只是因應民間交流的需要，並不表示大陸政策步伐加快，也不表示國統綱領近程目標將在短期內達成。

（三）中共當局對民間交流誠意仍然不足，我方所提「人身財產安全」及「臺商權益保障」兩項主張均遭中共拒絕，從事相關交流的國內民眾今後仍應注意可能發生的風險。

（四）辜汪會談不涉政治議題，所以不是國共會談，部分國人不必要的疑慮及莫虛有的指控，使會談有所壓力，影響會談成果，今後應給予會談代表充分的信賴與授權[18]。

辜汪會談是兩岸關係歷史性的發展，中共方面更大力宣傳，陸委會此時踩煞車，意在對外宣示，臺灣並沒有要改變當前大陸政策的想法，兩岸民間交流進程才剛開始，兩岸

[18] 陳家傑，「黃昆輝：兩岸未因辜汪會談改變，仍處敵對狀態」，聯合晚報三版，1993年4月29日。

關係要轉變，還有很長一段路要走。辜汪會談後，兩岸劫機犯與偷渡人員遣返兩項協議獲得進展，可以簽署，最終卻因漁事糾紛處理協議沒有共識而全部停擺，可以看出李登輝希望在兩岸事務性談判中，彰顯兩岸對等政治實體的想法；在中共方面，則希望藉事務性談判促進兩岸政治性談判，達到「一國兩制，和平統一」的目的，在目標不同的情況下，兩岸的十多次後續協商，海基會雖積極希望有所進展，但陸委會在政策大方向步調緩慢，海基會內部因此迭有「做白工」的埋怨。其次，李登輝時期的大陸政策對民間交流持開放態度，海基會成立時，也標榜「協商、交流、服務」三大功能，但海基會雖名為民間的財團法人，其實具有官方象徵意義，兩岸其時才剛開始接觸，臺灣的戒慎恐懼加上中共的積極統戰思維，使當時的各項兩岸交流活動，都不免染上政治色彩，也因此，海基會的交流業務，在實際執行上，往往並不單純。

海基會認為，以民間團體身分處理兩岸事務，應有比較大的揮灑空間，才能解決問題。對待大陸方面要以「中國的、善意的、服務的」態度，才能從事兩岸的協商、交流與服務，建立兩岸對話的共同基礎。雖然海基會基金部分由政府捐助，應該受政府監督，但海基會也有民間捐助資金，在處理民間交流活動、或海基會自身業務時，並非凡事都要向陸委會報准後才能執行，若事事受到牽制，海基會將無法保持兩岸受託事務議題的機動性，做為民間白手套的迴旋空間也會喪失。

海基會方面在訪談中說，海基會依照章程有兩個區塊，一是受政府委託和大陸談判，這部分政府是委託人，叫你做什麼就做什麼；但另一方面，海基會章程規定海基會也有服務兩岸人民解決許多瑣碎的問題的功能，這部分不受政府委託的。當時海基會內部認為這部分應該要是可以自主的。海基會的認知是，海基會受陸委會委託授權處理兩岸談判事務，但授權之外的部分就不受陸委會支配，比如海基會應工商界希望，發動兩岸間工商領域的聯繫交流，就該是海基會有權利的。海基會認為「授權之外我是我自己」[19]，與陸委會有基本認知上的不同。陸委會則認為，海基會接受政府捐助基金、接受政府委託，從事公權力相關事項，必須受政府和國會監督，避免民眾疑慮。在中共當局對臺灣仍有吞併敵意、兩岸不能做到「對等政治實體」協商談判前，兩岸關係不能發展過快，應一步步慢慢進展，尋求進入國統綱領中的官方往來中程階段。

陸委會與海基會身處不同立場，對兩岸交流活動的看法時有不一，也因此在這段期間產生許多磨擦；不過，1995年之後，兩岸關係惡化，中共中斷海基會與海協會往來，李登輝的大陸政策也趨保守，國內的陸委會與海基會業務驟減，彼此的紛爭也減少許多。

四、兩岸談判方式

兩岸特殊政治關係使官方無法直接協商談判，須委託民間財團法人海基會代理兩岸談判事務，對陸委會來說，委

[19] 見訪談一。

託海基會是迴避兩岸談判阻礙的權宜之計，兩岸談判理應由主管機關陸委會全權負責，陸委會與海基會應是上下從屬，如臂使指；但對海基會來說，大陸時常趁談判偷渡各種意識形態與政治目的，並常拋出政治議題突襲我方，海基會在第一線處理兩岸談判協商，需有緊急應變的空間，陳榮傑與邱進益都有過駐外使節身分，對協商談判有一定程度的瞭解，「將在外，軍令有所不受」應是共同心聲。

在李登輝執政時期，因為彼此認知不同，陸委會與海基會的衝突大多集中在「授權」，海基會抱怨陸委會談判授權空間太小，陸委會則對海基會不受控制頗有微詞，並亟思如何在制度上進一步收緊海基會的權責與權限，以避免在當時敏感的兩岸問題上再添變數。1992年3月底，陸委會擬訂「兩會運作關係處理原則」草案經媒體曝光，主要內容規定陸委會為海基會的中央主管機關，對海基會有指示、監督之責。海基會的性質，對外是民間財團法人，對內則為受政府處理公權力事務的準行政機關；海基會秘書長人選，由海基會洽詢陸委會意見後提名，報經陸委會核轉行政院決定，雖然海基會也提出九條意見逐條對照反駁陸委會意見，但陸委會的「兩會運作關係處理原則」草案之後仍經行政院會通過，改名為「受託處理大陸事務財團法人監督條例」[20]，陸

[20] 「受託處理大陸事務財團法人監督條例」內容重點包括：一、明定本條例之立法宗旨在於監督受託財團法人。二、明定行政院大陸委員會為主管機關。三、明定受託財團法人之定義。四、明定受託財團法人接受法人、團體或個人之委託處理臺灣地區與大陸人民往來有關之事務，涉及該財團法人之重要業務者，應先報請主管機關核備。五、明定受託財團法人派員赴大陸地區或其他地區處理政府委託事項或相關重要業務，應報請主管機關許可，並隨時就處理情形向主管機關報告。六、明定受託財團法人人事、財務及業務之監

委會依法成為海基會的「上級監監督機關」，從屬關係正式確立，但因此衍生出的問題在日後不減反增。

舉例來說，1992年9月17日，曾任海基會秘書長的陳榮傑藉赴廈門視察遣返事宜的機會，與大陸海協會秘書長鄒哲開會晤，希望雙方在廈門能就因一個中國問題難以解決而擱置的文書查證後續協商問題「非正式溝通意見」[21]。在當時，陳榮傑的做法使陸委會大為不滿，與海基會圍繞在「陳榮傑行前究竟有無報備」問題，互相指責。

針對這件事，海基會方面在訪談中說：

> 陸委會綁手綁腳不讓海基會去，也不讓大陸來，當時文書案件已累積幾萬件，不能解決；很多收容中心偷渡客爆滿，大陸不來接，故意製造臺灣內部困擾。
>
> 去廈門這趟，事先開會時都與黃昆輝馬英九提及，等到要出發前，陸委會給我公函說可以去，但只能談偷渡客遣返，不能談其他（文書驗證）[22]。

海基會人員認為，在與海協會的協商談判過程中，多次遭遇後方政治力干擾協商進度的情事。訪談中受訪者舉例：

督事項，包括遴選董監事應先報經主管機關同意（第八條）；重要幹部之聘（解）任程序，並確定其人員專任性質（第九條）；業務計畫之事前監督（第十三條）及事後執行監督事項（第十四條），主管機關並得隨時派員檢查其業務及財務狀況（第十五條）。

[21] 歐陽聖恩，《再見，白手套—海基會二〇〇〇日》，（臺北，商周文化，1997年），頁70。

[22] 見訪談三。

1993年4月初到北京去和唐樹備展開辜汪會談預備性磋商，包括辜汪會談時的名稱、參加人數、日期、議程、如何公布，舉行記者會等等問題，談到最後，雙方白紙黑字都寫清楚了，最後一天，就在我離開飯店，要出發到人民大會堂的時候，陸委會連撥三通電話，十萬火急，我接了電話後陸委會說，昨天談判結果現在要推翻，必須要在離開北京之前把事情搞定，否則沒有辜汪會談。

我是按照他原來一五一十，一條不漏地去談，達成協議。

此外，在辜汪會談最後一天，討論臺商投資保障協議，我們提出八點，其中六點對方都接受了，有一點接受一半，不能接受的是臺商人身保障，另外半點是仲裁，後來雙方同意互提仲裁名單，由爭執雙方互相討論。這是第五項要簽的協議，但到了快要簽字時，黃昆輝打電話來，說簽得太多不能再簽。

等我再坐上談判桌時，唐樹備笑了，說「你恐怕又遇到困難了」。[23]

1995年1月，第三次「焦唐會談」在北京舉行，交叉進行辜汪會談後續第七次事務性商談，雙方對「劫機犯遣返」、「偷渡人員遣返」兩項協議達成共識，但對「漁事糾

[23] 見訪談四。

紛處理」協議中的「一方水域」公務船活動範圍與功能條款，無法達成共識，三項協議遂無法同時草簽。

受訪者在訪談時形容當時情況：

> 在偷渡客這部分，已經談到每抓到一個偷渡客送靖廬，大陸負責伙食費行政費、由基隆送到馬祖再遣返時的交通費也一併負責，就希望至少簽一個協議。偷渡客和劫機犯遣返這兩個真的已經談定了，連最挑剔都沒有話講了。
>
> 當時雙方在釣魚台賓館裡面談，大陸方面的作業人員，認為可以談成，把準備的布條拿出來比一比，結果大廳有幾個記者在休息，看到了將消息傳回臺灣，說大陸已經在布置簽約會場。後來臺北不高興，不准我們簽協議[24]。

以上事例顯示，當時的兩會談判仍以政治影響為主要考量，陸委會以主管機關立場，盱衡整體大陸情勢，著重的是兩岸商談重點應僅及於事務性商談，出面與大陸協商談判的海基會，一言一行都不能逾越陸委會的掌握，超出「劇本」範圍的內容，必須事事向陸委會請示。海基會每次出門協商，陸委會、國安會都在國內待命，海基會在國安系統的協助下，每天談判的情況都要向臺北回報，最後的決定須由陸委會拍板才能定案[25]。就算兩岸最後在「一個中國」問題上

[24] 見訪談五。

[25] 孟蓉華，「辜汪會談20周年回顧」，海基會交流月刊第128期，頁26，2013

各有退讓，達成能讓協商繼續進行的共識，但在整個協商談判過程中，中共仍時時將兩岸政治議題搬上檯面，以遂其政治目的，陸委會不容許出錯的管控，根源於當時兩岸談判的複雜與敏感，卻也讓海基會承受很大壓力，感覺協商談判處處受限，原有的理想無法伸展。兩岸特殊的談判情勢，連帶影響到了國內陸委會與海基會的合作關係。

陸委會與海基會相繼在1991年成立，海基會作為陸委會與大陸接觸的白手套，為兩岸復談奠定基礎，因應當時兩岸及國內的複雜局勢，合力創造不少成果，如兩岸針對「一個中國」提出的各種表述，最後達成兩岸「一個中國，各自表述」的共識，成為兩岸事務性商談得以繼續進行的基礎；又如促成兩岸首度對等簽署協議的辜汪會談，事前協商與談判時的攻防拉鋸，陸委會與海基會在之中的合作互動，緊密且頻繁。

受訪者表示，當時陸委會與海基會合作相當密切，辜汪會談時，陸委會從早到晚全程待命，海基會與海協會上午談完，陸委會中午就開會開始討論，並向海基會傳達指令；到兩會下午談完，陸委會晚間就開始討論隔天的談判策略與方式，往往討論到凌晨，海基會也就這樣等到半夜三點[26]。不過，陸委會與海基會因互動頻密所產生的磨擦，也不是空穴來風。李登輝執政時期的陸委會與海基會關係，是相較後來的陳水扁、馬英九執政時期磨合最多、衝突最多的時期。這個時候，陸委會與海基會剛成立，在兩岸政策系統中的定位

年4月。

[26] 見訪談一。

尚未明確，只初步規劃陸委會主內、海基會主外，海基會以民間團體身分做為陸委會跟大陸接觸的白手套；另一方面，海基會成立之初，廣納許多社會賢達、年輕官員，當時進入海基會的人，無不抱有理想，亟思在海基會施展抱負，在前線為兩岸關係擘畫藍圖、開創機遇。曾在海基會擔任文教處長的方鵬程，在《再見，白手套—海基會二〇〇〇日》書中序文說出當時海基會多數人的躊躇滿志：

> 在那個時候，我們都沒有看清楚這個詭異的局勢，都誤以為正站在一個歷史的轉捩點上，陸委會和海基會，就是上帝給我們的那個支點，可以讓我們舉起地球。兩岸開放交流的新景象，使我們覺得事有可為，也應熱切投身去為。[27]

但實際上，陸委會與海基會的關係卻非海基會當初所設想，綜論當時陸委會與海基會衝突的原因，可略歸納為：職務認知不同、授權體會不同、對兩岸關係的期待不同、溝通不良等四大問題。

（一）職務認知不同

海基會創會時明訂三大功能「協商、交流、服務」，除了協商必須受公權力委託，交流與服務兩項功能就有相當大的空間，都屬於民間往來層次。對海基會來說，協商受公權

[27] 歐陽聖恩，《再見，白手套—海基會二〇〇〇日》，（臺北，商周文化，1997年），頁7。

力委託，接受陸委會指導無庸置疑，但在兩岸交流方面，陸委會應尊重海基會是一獨立財團法人民間機構，擁有董監事會，且必須對董監事及捐助人負責，在執行協商業務之外，應有自由決定、策劃、執行一般兩岸民間交流及相關服務的空間。在李登輝執政時期，海基會秘書長對海基會交流、服務的看法，都大致相同。

海基會方面在訪談中指出海基會當時的認知是：

> 海基會受陸委會委託授權處理兩岸談判事務，但授權之外的部分就不受陸委會支配，比如海基會應工商界希望，發動兩岸間工商領域的連繫交流，就該是海基會有權利決定的。海陸應該密切合作，但應該給海基會一點空間，委託授權的部分受陸委會箝制，沒有受委託的部分應該能自己決定，像海基會就可以做一些兩岸交流工作，不該去限制它。
>
> 海基會依照章程有兩個區塊，一是受政府委託和大陸談判，這部分政府是委託人，叫你做什麼就做什麼；但另一方面，海基會章程規定海基會也有服務兩岸人民解決許多瑣碎的問題的功能，這部分不受政府委託，應該要是可以自主的，這些服務性工作，陸委會應該放手讓海基會做[28]。

海基會方面在訪談中也談到當時海基會的不滿：

---

[28] 見訪談三。

甚至有時候很中性、服務性的工作，陸委會都要插手干預，干預到一定程度，我們（海基會）也覺得沒有意思……有時候辦一些很中性的活動他們都要表示意見，點點滴滴。陸委會與海基會為何衝突，一定不是單一事情，一定是累積起來的[29]。

海基會曾因希望工程事件與陸委會有過不快，海基會方面認為，希望工程不僅有戰略意義，更是民間的事。不過，訪談也點出當時界定兩岸交流「民間」或「非民間」的兩難：

我們是受任去大陸做民間交流，但交流很難說民間或非民間，尤其中國大陸一定會提出非民間問題，我身為秘書長帶團去，上面那些話（改一國兩制為一國良制），我覺得沒有任何問題，但政府就已透過電話告訴我同事，叫我不要談這類問題，說這些不是你們要談的[30]。

對陸委會來說，雖然政府對兩岸民間交流持開放態度，但民間交流如何避開大陸統戰陰霾，才是最頭疼的問題。在這樣的情況下，具有官方象徵的海基會動見觀瞻，任何與對岸的接觸都會引來國內的放大鏡檢視。陸委會官員在訪談中

[29] 見訪談二。

[30] 見訪談二。

說，從陸委會角度來看，當初設立海基會這個白手套，是希望盡量比照大陸「一塊招牌，兩塊人馬」模式[31]。海基會表面上受委託處理兩岸協商事務，檯面下，交流與協商，也都不應該脫離陸委會的掌握。

（二）授權體會不同

陸委會認為，兩岸決策系統在兩岸協商談判前的討論，既已納入海基會意見，就已足夠；同時，兩岸敵對40年，首次接觸自然小心翼翼，國安會、陸委會等政府決策機關，要面對國內對兩岸商談的不信任，也須顧及中共在接觸過程中充滿政治意識型態的小動作、並堅持兩岸定位及現狀維持不變，在與大陸協商談判時，陸委會希望降低所有變數，不讓情況溢出沙盤推演之外，因此，海基會應該是陸委會、甚至是政府的傳聲筒，談判時海基會只需如實傳達後方意見與底線，不該自行調整，視情況改變，令後方無法掌握、措手不及。

陸委會方面在訪談中說：

> 陸委會的法定定位是「統籌處理兩岸事務的主管機關」，海基會則是政府唯一授權處理涉及兩岸公權力事務的中介團體。陸委會和海基會的的機構角色，角色扮演是不同的。海基會經政府授權，為陸委會不方便與中國大陸談判時的白手套，主要處理與公權力有關事務，經政府授權，海基會是否能憑自己意思去

31 見訪談九。

做事情，有待商榷。

此外，各部會都有代表，是行政院大陸委員會的委員之一，當時各項兩岸決策，都是政府各部會間的共同決策，不是陸委會專斷。辜汪會談時，相關策略都經過由陸委會、國安局、經濟部等部會成員組成的兩岸策略小組決策，之後送行政院通過，才交由陸委會授權海基會會談。海基會的角色應該是陸委會的傳聲筒[32]。

但海基會在談判前線的經驗，使海基會希望有不一樣的做法。海基會一開始成立，代表著兩岸關係的大幅轉變，社會高度關注，眾多在新聞、文化、外交等領域的菁英加入海基會，並抱持著歷史使命，期望成就兩岸關係新的局面，在眾人與自身的高度期待下，海基會對兩岸談判運作的認知是「海陸合作」，而非「上下管轄」。

訪談中，海基會方面說：

海基會的組織功能，幾乎和陸委會相對應，就是希望海基會能代表臺灣到大陸大展鴻圖。[33]

海陸兩會不是長官和部屬關係、不是父子關係，是兄弟關係，互相幫忙[34]。

[32] 見訪談一。

[33] 見訪談五。

[34] 見訪談四。

此外，因應與大陸談判新局，海基會成立初始的秘書長陳長文、陳榮傑、邱進益都擁有國際法務談判、外交談判專業與經驗，在看待當時的兩岸談判時，自有一番開拓進取的期待。不過，海基會談判代表的角色不同於一般的職業外交官，在前線談判，一言一行都受到主管機關陸委會的制約，談判桌上，海基會代表無法對困難立即反應，任何大小問題，都須回報陸委會，並待陸委會做出決定，談判時間因而拖長，成效也因此很低，對有談判經驗的外交人員來說，如此受縛的經驗是未曾有過，相對大陸談判代表授權的寬鬆，海基會更難忍受。

訪談中海基會方面的幾位受訪者總結當時海基會不滿的根源：

> 當初海基會就算按照授權去談判，陸委會也常臨時反悔、現場翻盤，談判人員也因此常遭到對方奚落。我曾對對唐樹備說，你的授權可以翻觔斗，我的授權是綁起來的。每一次談判前，陸委會的授權內容相當細，沒有任何空間，也會在行前召開記者會，公開完整的談判內容，講授權海基會什麼，這怎麼去談判？[35]
>
> 海基會一直不認為自己是行政體系下的傳聲筒或白手套。海基會認為我是一個獨立的財團法人，雖受政府委託，但是這所謂的政府不完全是陸委會，而是

[35] 見訪談四。

包含整個國統會、總統；而且，陳長文、辜振甫、陳榮傑也好，都是外交部系統出來，談判時沒有代表只能夠做傳聲筒，當自己完全是死人，沒有人願意當這樣的角色。但陸委會不這樣想，陸委會要海基會任何大大小小的事，都要經過授權，當然就發生問題，雙方一開始就有這樣認知上的差距。

談判者最重要的就是爭取授權，地位愈高的人授權愈大，談判也愈有效果；談判者的籌碼，在談判之前爭取到愈多愈好，才能揮灑自如，同時，後方也要給最大的信任與授權。有關政策性問題就更是這樣，常常前面一講，後面說超過授權，人家都沒回來呢，這代表怎麼幹？[36]

綜上而言，陸委會對「授權」強調的是「委託代理」，但相關的決策仍應由陸委會制定，海基會全然聽令行事；海基會則因談判時的實務體驗，認為所謂的「授權」是「授權談判」，因此希望陸委會放鬆束縛，讓海基會發揮，爭取國家利益。雙方一開始對委託的定義不同，衍生出對授權的不同解釋，因而在談判業務上產生激烈的磨擦。

（三）對兩岸關係期待不同

在當時兩岸終極政治目標仍是「統一」的年代，海基會成立宗旨為「中國的、善意的、服務的」，海基會對兩岸關

[36] 見訪談五。

係是善意進取開放的，且抱持改變兩岸的使命，對兩岸政治議題並不迴避，甚至希望能在這一代獲得解決。

海基會方面舉例：

> 一次在大陸時，大陸領導當我面說一個中國，我說沒問題，他說臺灣是中國一部分，我也說沒問題，就像大陸也是中國的一部分一樣。當然目前一個中國誰是中國仍未定，也可以說一國兩制不是我們要追求的，一國「良」制不是更好嗎……上面那些話，我覺得沒有任何問題，但政府就已透過電話告訴我同事，叫我不要談這類問題，說這些不是你們要談的[37]。

相較海基會，陸委會是小心步步為營的，基本大陸政策是循國統綱領三階段推進兩岸關係，但不將進入下一階段視為急切要達成的目標，在兩岸談判過程中，尤其要避免觸及政治議題。陸委會方面在訪談中說，官方與民間看法不同的差距，是當時海陸產生問題的原因之一：

> 比如當時談的文書驗證、掛號函件等議題，卡在中共一個中國原則下沒有進展，海基會就相當焦急，催促政府趕快就此問題提出解決辦法，才有當時兩岸對一個中國問題的各自表述。海基會抱持著創造歷史的使命感，但如果因此認為（談判）非成功不可，整個策

[37] 見訪談二。

略都會有問題，會失去談判籌碼，尤其我們當時兩岸交流的經驗仍然不足[38]。

對兩岸關係發展速度、程度的不同看法，使陸委會與海基會在重大兩岸議題上有不同的做法，雖然海基會仍受陸委會管轄，授權談判，但冗長且進度緩慢的兩岸談判或多或少打擊了海基會的士氣，也讓海基會對陸委會的保守做法頗有微詞。

（四）溝通不良

幾乎所有的衝突都與溝通不良有關。據歐陽聖恩在「再見，白手套」書中所述，兩會的溝通一直並不理想，海基會在陳長文時代，每周一、周四舉行兩次業務會報，由秘書長主持，副秘書長及各處正、副主管都要參加，而陸委會則派員列席，以瞭解海基會的運作情形，但是陸委會初期派處長，旋改為副處長，最後派科長赴會，層級不斷下降。而陸委會每周一次的主管會報，由主任委員主持，一級主管參加，海基會始終派「處長」級人員列席。但是這種溝通方式，對雙方而言，都有窺探對方軍情的感覺，因此實施一年後就無疾而終。按著又有每月一次的「陸委會與海基會高層聯繫會報」雙方由主委、副主委、董爭長、副董事長、秘書長、副秘書長出席，以及每三個月舉行一次的「工作階層的主管會商」由兩會處長出席，結果都流於形式化，出席者往

[38] 見訪談一。

往藉故不參加，處長級的工作階層會商舉行一兩次之後，就沒有消息了[39]。

陸委會認為海基會是下屬機關，談判不需要讓海基會事事插手，海基會只需聽命行事就可，此外，海基會身為政府授權機關，辦理兩岸交流活動，應讓陸委會全盤掌握情況，避免造成不良影響；海基會則認為談判前線應有適度裁量空間，同時，屬於民間領域的兩岸交流海基會應有自主權，不需要鉅細靡遺向陸委會報告。在溝通不良的情況下，雙方的互動因此充滿各式大小磨擦與衝突。

第二節　中共抵制，失去存在感的海基會——陳水扁執政時期

陳水扁執政初期，內外皆有不利因素，在國內政治環境方面，雖然陳水扁上任初期宣示「四不一沒有」，釋出善意，但北京冷然「聽其言，觀其行」，兩岸關係持續惡化，相較之下，大陸在2005年與在野黨國民黨搭起合作交流之橋，國民黨主席連戰與中共總書記發表連胡五項共同願景，並固定舉行黨際交流論壇，兩岸互相承諾諸如直航等陳水扁亟欲推行的兩岸政策，頗有懲罰民進黨政府的意味。另一方面，朝小野大的國內政治情勢更使陳水扁的兩岸政策受到很多挑戰；中國大陸片面中斷與海基會的協商，陳水扁的兩岸政策沒有陸方響應，也沒有國內政黨支持，更加難以推動。

[39] 歐陽聖恩，《再見，白手套—海基會二〇〇〇日》，（臺北，商周文化，1997年），頁68-69。

同時，原本希望朝中間靠攏的民進黨政府，因臺聯黨等瓜分基本教義派支持的情況下，兩岸政策陷入猶疑。到陳水扁執政第二任期，兩岸政策愈來愈偏向臺獨，兩岸關係因此更加惡化，海基會與大陸海協會幾乎無法對話，沒有受託執行業務的機會，海基會的重要性大大降低，在沒有業務的情況下，陸委會與海基會的互動機會也遽降。

海基會方面在訪談中說：

> 當時兩岸海基會海協會幾乎沒有任何互動，兩機構的互動就是靠傳真機傳真，但是服務性工作還是做，有關臺商人身安全或緊急救助、人道救援，或者是一些共同打擊犯罪，這一類的聯繫還是在進行，但政治協商或大陸政策協商方面，相對而言是停滯的。
>
> 若不是政治意識型態東西，關係到急難救助，海基會傳真信函到海協會，對方也都會回覆。
>
> （李登輝執政時期）海陸大戰就是因為有事情做，有事做，有決策，才會有事權、決策權落在誰身上、誰來領導協商工作的問題。我那時沒有海陸意見不和，造成矛盾衝突的情況，因為沒有大事情[40]。

在當時總統陳水扁高度主控的大陸決策體系中，海基會雖仍參與諮詢，但也已沒有實質談判業務可提供建言，受訪者說：

40 見訪談六。

當時沒有任何簽約，海基會角色不會太重，海基會知道正在進行的事情，也有參與大陸決策的討論。但當時重要的角色不是海基會，重要的是陸委會、國安會，（相關決策）基本仍由主管機關進行。[41]

陳水扁執政時期，兩岸海基海協聯繫管道中斷，中國大陸以先處理「一中」問題作為兩會復談的前提，但其時卻也是兩岸經貿往來最熱絡的時期，因應交流衍生出來的各種事務、人道需求，遂在2003年10月，兩岸人民關係條例修正，將兩岸協商機制作重大調整，建立協商「複委託」機制，除海基會外，政府可委託其他具公益性質之法人協助處理兩岸事務，或代為簽署協議；經政府委託的海基會，亦可「複委託」其他公益法人執行任務[42]。並透過複委託機制，2005年中華民國政府委託「臺北市航空運輸商業同業公會」組織公司代表團與中國大陸協商包機事宜，協商過程中，交通部民航局長以「臺北市航空運輸商業同業公會」顧問名義參與談判；另外，政府也委託「中華民國旅行業商業同業公會全國聯合會」就大陸觀光客來臺一事進行兩岸協商。但越過海基會與海基會協商機制，另覓民間團體出面協商的複委託機制，淡化海基會在兩岸協商的角色，讓海基會產生相當大的不安全感。當時的海基會秘書長許惠祐就公開

[41] 見訪談六。

[42] 羅嘉薇，「兩岸協商 可委託民間 歷來最大幅度修正 政府可「複委託」其他公益法人執行任務 直航辦法須一年半內擬訂 大陸配偶取得身分年限維持八年」聯合報，2003年10月10日，一版。

表示「不贊成」[43]，認為陸委會在兩岸條例修正中引入「複委託機制」是自失立場，將使臺灣落入中共「去主權化」的圈套[44]，外界也解讀許惠祐的反對是出於維護海基會既有地位的考量。針對海基會憂慮，陸委會則澄清指未來海基會在兩岸協商仍將扮演重要角色，功能不會被弱化[45]。

複委託機制的出現顯示海基會的功能與重要性已逐漸消失，2004年，前海基會秘書長許惠祐轉任行政院海岸巡防署署長，劉德勳以陸委會副主委身分擔任海基會副董事長兼秘書長；2005年，另一位陸委會副主委游盈隆兼任海基會秘書長，當時輿論界認為，陸委會兼任海基會重要職務的做法，代表海基會將淡出「白手套」的角色，與政府主管大陸政策的陸委會形成「兩塊招牌、一套人馬」模式，不過，海基會方面在訪談中對此則直接說，海基會章程上有三功能，協商、服務、交流，在民進黨時代由陸委會副主委兼任，「是因為事情比較少」[46]。

陳水扁執政時期，陸委會與海基會的互動關係主要受兩岸關係影響。在當時兩岸關係惡化，中共片面中斷海基會與海協會協商對話的情況下，海基會除了一般服務、急難救助業務能透過傳真機與海協會溝通，與海協會已完全沒有協商對話的機會，事實上，就連一般服務業務，海協會回應的

[43] 鄭任汶，「許惠祐反對複委託機制 海陸兩會意見兩極 首度公開槓上」，中時晚報，2003年10月20日，二版。

[44] 林則宏，「複委託機制 再掀海陸紛爭」，工商時報，2003年10月21日，六版。

[45] 羅嘉薇，「許惠祐重申反對複委託 蔡英文尷尬表示 未來兩岸協商仍優先以海基會為談判機構」，聯合報，2003年10月21日，十三版。

[46] 見訪談七。

也是少之又少，迫使民進黨政府設立複委託機制，解決兩岸事務性協商問題。在這段期間，海基會的對口單位封閉，在整個大陸決策體系中功能弱化，與主管機關陸委會的互動關係，也因「沒有業務」而相較李登輝時期空白，但也由於陳水扁執政時期的官員多沒有兩岸經驗，在海基會僅存的服務功能上多所倚重，雙方關係因此來得緩和。

在立法行政互動方面，陳水扁執政時期兩岸談判中斷，兩會沒有簽署協議，立法機關在兩岸議題上的角色不多，對陸委會與海基會互動的關聯也較小。

第三節　人的因素漸淡，目標互動制度化——馬英九執政時期

一、國內政治因素

馬英九2008年挾高聲望執政，民眾對國民黨執政下的經濟發展有所期待，對兩岸復談、經濟合作、加強交流的看法也趨向正面，但2009年8月6日莫拉克颱風襲臺造成重大傷亡，馬英九政府救災效率不彰，引起批評。自此，馬英九政府民調支持度持續下降；加上國內經濟發展不振、房價物價高漲，薪資卻一再調低，國內民眾對政府的不滿，連帶影響對馬英九政府兩岸政策的支持度。2012年中華民國第13屆總統選舉，主張兩岸繼續深化經貿合作、建立制度化協商，馬英九再度連任，但國內經濟狀況沒有顯著好轉，馬英九的民調支持度仍然持續低迷，在執政黨偏弱的情況下，在

野黨強力批評兩岸政策傾中失衡，國內對兩岸政策的看法也開始出現兩極化的分歧。

馬英九執政時期兩岸簽署協議快速增加，至今已達23項協議，內容涉及經濟、民生、司法、政治等，使立法與行政在兩岸議題上的互動變得相當重要。馬英九執政初期，國民黨在立法院佔絕對多數，兩岸協議也多集中在爭議較小的民生、經濟議題，因此，當時立法機關的監督權並不相當凸顯。但到馬英九第二任期，民意支持度下滑，兩岸簽署協議議題也愈趨複雜，立法機關與行政機關的互動變得較為緊張，雙方在兩岸協議應送立院審議或備查、是否接受更多實質監督問題，有過多次衝突。

2013年兩岸商談兩岸經濟合作架構協議（ECFA）下的服務貿易協議，但因談判時的保密原則，使服貿協議在商談過程時缺少對國內的溝通說明。兩岸兩會在第9次會談時簽署服貿協議，協議文本公布後在國內引起爭議，協議送至立院審議時也遭到杯葛。立法院針對服貿的爭執持續到2014年3月18日，朝野立委持續在立法院內政委員會就服貿僵持，並大打出手，國民黨籍立法委員張慶忠以主席身分宣布服貿協議通過，逕送行政院院會，引起反對服貿人士不滿，當天晚上部分人士強行闖入立法院議場，並號召更多學生及社會人士包圍立法院，希望阻止服貿協議在行政院會通過。隔天，有更多反對人士加入支持，整場行動持續24天，並在3月30日舉行反服貿遊行，參加人數眾多，主辦單位宣稱，有50萬人參加。這場反對運動領袖及許多參與者都是在學學生，因此也被稱為「太陽花學運」。

反服貿運動只是縮影，反映國內對政府的諸多不滿，對中國大陸的反彈也更加激化；反對服貿運動最後與許多反對團體合流，在運動末期，也出現「臺獨」的相關表述，認為政府的兩岸政策太急太快，不被信任，可能加快兩岸統一的腳步。因此，反對人士提出設置兩岸協議監督條例，希望兩岸所有簽署的協議，都要受到嚴格監督，在國民黨九合一選舉大敗後，對大陸政策的監督與質疑更被突顯。

在國內對大陸政策的反彈下，兩岸兩會簽署的協議，都會受到相當的質疑。但無論最終兩岸協議的監督機制如何運作，陸委會對兩岸協商談判、甚至簽署協議的掌控勢必會加強，海基會的發揮空間將更受限制。

二、兩岸關係與大陸政策

馬英九執政時期的大陸政策基調為「秉持在中華民國憲法架構下，維持臺灣海峽『不統、不獨、不武』的現狀，並在『九二共識、一中各表』的基礎上，以『先經後政、先易後難、先急後緩』的順序，推動兩岸和平發展」；同時，也積極促進兩岸各項交流，建立兩岸制度化協商管道，兩岸兩會至今簽署了21項協議，涵蓋人貨運輸、陸客觀光、陸生就學等各類民生議題，以協議促進交流，交流又衍生服務，海基會在兩岸協商談判中的角色變得重要，業務因此大增，在兩會2008年6月復談，舉行兩岸第一次高層會談後，海基會即因預算人力不足，裁撤東區服務處，並要求官方增加補助[47]；海基會2012年4月也籌款在大直興建海基會大樓，儼然將成為常設機構。

不過，馬英九政府的大陸政策同時希望促進中國大陸正視中華民國存在的事實，希望一步步將兩岸民間白手套接觸，進展到官方對官方直接接觸。

陸委會方面在訪談中表示：

> 其實幾年前，陸委會就與國台辦有過接觸，但若要直接接觸，是很重大、很慎重的事，要以公文向上級層層請示確認後，陸委會處長才會跟他們（國台辦）局長溝通。以前透過海基會海協會傳話，在傳遞訊息中怕有落差，之後一兩年覺得有需要就跟國台辦聯絡，直接打電話。一開始不知道他們反應，但一次兩次三次，他們電話就接了，也有回電，幾次之後就沒有像以前那樣，直接溝通變得很平常。日常業務就是要溝通該溝通就溝通，這是較新的做法。
>
> 去年APEC，我方曾提到建立常態互動機制，把本來在檯面下做的事正式提到檯面上，今年二月王張會議中確認。我認為兩岸關係進展到一定程度，兩主管機關不能直接溝通真的很奇怪。吳伯雄見習近平時表示兩單位之間要有正式互動接觸；習近平在去年十月跟蕭萬長談話，也鼓勵兩岸常常互動，等於給了國

47 李仲維，「協商談判吃重　海基會要求官方增加補助」，中評網，2008年8月4日，http://hk.crntt.com/doc/1007/1/0/9/100710994.html?coluid=7&kindid=0&docid=100710994

台辦綠燈[48]。

2013年亞太經合會（APEC），陸委會主委王郁琦以幕僚身分陪同經合會領袖代表蕭萬長出席，並在蕭萬長與習近平會面的場合外，與國台辦主任張志軍會面並以官銜互稱；2014年王郁琦訪南京，與張志軍進行一次正式兩岸事務首長會晤、一次非正式茶敘，期間與國台辦確認建立陸委會與國台辦的常態溝通機制、兩岸業務局處對口接觸，也對雙方高層定期互訪有相當共識[49]。王郁琦的繼任者夏立言，與張志軍以一年各一次的步調互訪、並在2015年12月30日互通熱線後，確認雙方兩岸事務機關可直接接觸後，外界開始揣測海基會未來的方向，陸委會對此多次表示，陸委會與國台辦的溝通機制與海基會、海協會的機制沒有衝突，沒有矛盾，可以互補。但是，過去做為白手套的海基會，正喪失兩岸官方接觸平台的功能，海基會的角色慢慢在兩岸協商談判過程中淡化，手套愈來愈薄，是不爭的事實。太陽花學運後，兩岸協議簽署遇到阻滯，馬英九政府的大陸政策在九合一敗選後也難有大幅進展，陸委會與海基會的互動，也不若過去頻繁。

三、大陸決策體系

受訪者說：

[48] 見訪談八。

[49] 馮昭、翟思嘉，「陸委會國臺辦將建溝通機制」，中央社，2014年2月11日。

2008年國民黨執政以後，建立兩岸工作小組體系，每個禮拜開會運作，運作一定會有提案或兩岸的新的交流議題，相關部會都會準備資料，在那個場合討論大陸政策的方向策略。

就陸委會來講，主委去之前大家可能知道一些方向，也都會先溝通，讓主委去那邊討論。回來後，主委會把重點向主要幹部交換意見，確定後續執行方向，它（大陸決策體系）的脈絡很清楚，規律性也很強，在馬總統第一任內，兩岸關係進展看起來比較有次序[50]。

大陸決策歷來是總統職權，也與總統的個人意志脫不了關係。馬英九執政時期的大陸決策體系，以國安會做為總統的決策幕僚，固定由國安會召開跨部會兩岸決策會議。國安會雖是行政體系外的諮詢機構，但因為直屬總統，在兩岸政策的影響力甚至大於行政院，因此，每周在國安會召開的兩岸會議，就是兩岸決策的最高單位，出席會議的包括陸委會等各部會及海基會，相關兩岸政策在會議上發想、決定；同時，國安會議扮演兩岸政策的溝通協調平台，陸委會與海基會有紛爭，有時也由國安會秘書長出面調停。

陸委會與海基會在國安會議之外，也有高層聯繫會報，由陸委會與海基會人員出席，但在高層聯繫會報上，雙方溝

50 見訪談七。

通也並不完全順暢。前陸委會主委賴幸媛與前海基會董事長江丙坤共同參與的高層聯繫會報只有2次；前海基會秘書長高孔廉與陸委會主委王郁琦共同參與的也少，只在第一次雙方就兩岸相關事務交換過意見。不僅在溝通機制上的交往不緊密，前海基會秘書長高孔廉在退休前夕不只一次公開表示，資訊對前線談判人員相當重要，需要主管機關及業者提供相關資訊，資訊愈充足，談判時也能比較站在制高點；相較大陸一套人馬兩塊招牌的方式，談判團隊的資訊分享需要加強[51]。

對海基會所指談判團隊資訊流通不足的說法，陸委會方面則認為是「溝通不良所產生的感受問題」。在訪談中，陸委會方面說：

> 海基會覺得他處理就好，但陸委會覺得這不屬於你，那是誰說了算？目前看到（不和的）情況大部分是人的問題不是制度面問題[52]。

也有受訪者認為，這與海基會內部記錄人員的關注焦點不同有關：

> 海基會在談判過程的功能，與議題主管相較，本來就不是議題主軸，雖然協議協商過程中，海基會跟相關

[51] 翟思嘉，「高孔廉：談判團隊資訊應更流通」，中央社，2014年1月10日，http://www.cna.com.tw/news/aipl/201401100320-1.aspx

[52] 見訪談八。

業務機關都在，但畢竟部會比較專注在專業且細節的議題，海基會現場聽的，跟其他部會的記錄可能有一點落差；此外，在與對岸提出檢討的時候，部會提出的東西主要關注在我方的問題上，但兩岸切入角度不一樣，或許我方不覺得是重點、或沒辦法處理的議題，但也有可能在談判場上突然出現，那也不是惡意或刻意去作的[53]。

基本上，馬英九執政時期的大陸決策系統有較固定的溝通、諮詢、建議管道，陸委會做為海基會主管機關的角色也更加穩固，使海基會在整個決策系統有被排除在外的感覺，這其中雖有部門間關注焦點落差的原因，但不可諱言，海基會做為陸委會轄下的民間委託機關，許多政策面的事務參與不深，在大陸決策系統中的重要性已不復以往。

四、兩岸談判方式

兩岸協商談判方式在馬英九執政時期有很大的轉變，由於兩岸協商議題趨向廣泛、專業，並涉及部分權力行使，兩岸談判主力由李登輝時期的海基會轉變為各相關政府機關。兩岸政府主管部門對口協商，陸委會以政策角度統籌協調，再委託海基會執行協商、談判的事務性工作，最終與大陸海協會簽署協議。

2008年兩岸復談後，相較90年代，海基會在兩岸談判

[53] 見訪談七。

中的地位，從實質的主談機構變為協議簽署儀式上的招牌，兩岸協議的協商談判過程中，海基會的角色被專業性高且具政策實力的各部會取代，在談判桌上，海基會雖仍掛名主談人，但實質業務相關議題，仍須交由掛著海基會頭銜的部會官員回答。

陸委會與海基會在馬英九執政時期較少有檯面上的大紛爭，但海基會方面對彼此的合作關係，仍有步調不一致的埋怨。訪談中，海基會方面曾表示，當初設立陸委會與海基會的構想，是類似大陸的「一套人馬，兩塊招牌」方式，讓陸委會與海基會人員可在兩處輪調，在兩岸協商談判中，前方後方互相支援，形成整體戰力，但實際運作卻沒有達成這樣的效果。2008年兩岸復談，陸委會與海基會的業務工作都增加、交往也更緊密，但人員的輪調仍然不理想。此外，2008年以來，陸委會與海基會的接觸也不多，高層間的互動更少。

在訪談中，陸委會方面認為：

> 海基會不可能變成陸委會平行。雖然大陸決策機制海基會有發言權，但制度設計會讓他縱使有發言權，但最後回到行政體制上，海基會還是必須受陸委會指揮監督[54]。

也是因為這樣，海基會認為，陸委會在兩岸協商事務

[54] 見訪談八。

上，只將海基會當作下屬機關，不是團隊運作，不受尊重的失落與不滿因此更重。海基會董事長林中森2013年6月在大陸與國台辦主任張志軍會晤，陸委會在會晤前兩天擬訂講稿，要林中森逐字照念，就是一例。

對於海基會的不滿，陸委會認為乾脆統一事權，遂在2014年2月，宣布由陸委會特任副主委張顯耀兼任海基會秘書長，張顯耀事後針對陸委會與海基會業務如何兼顧時表示，「陸委會與海基會皆為大陸工作體系一環，陸委會負責政策規劃及跨部會協調，授權海基會執行協商、交流與服務工作……未來將持續加強海陸兩會溝通，更緊密的分工合作」[55]。

不過，陸委會方面在訪談中說：

> 兩個單位不論如何還是會有衝突，陸委會覺得你該知道的我告訴你，你不該知道的我就不告訴你，要解決這種兩單位左手打右手、牙齒咬舌頭的事，或許陸委會接海基會可能改變這些問題。制度改變可以降低因為人所產生的差異[56]。

體認到人的因素及官僚體制中的本位主義難以避免，陸委會希望藉制度改變，降低因為「人」產生的不合因素；也希望藉制度設計，讓海基會縱使有積極作為的想法，但仍要

[55] 海基會，「關鍵時刻，全力以赴—專訪張顯耀副董事長兼秘書長」，交流月刊，頁34。

[56] 見訪談八。

受到大陸政策方向的制約，受陸委會指揮與監督，讓陸委會在執行兩岸談判業務時，達到一條鞭的效果。

對內，希望一條鞭；對外，陸委會則積極與大陸國台辦建立溝通管道的機會，希望將兩岸談判協商朝官方對官方邁進，進一步深化兩岸制度化協商機制。陸委會王郁琦主委於2014年2月11日在南京與大陸國台辦張志軍主任舉行歷史性的兩岸事務首長會議（簡稱王張會），是兩岸自1949年以來，首次兩岸官方事務主管機關的直接接觸，之後陸委會與國台辦首長經過多次會晤，希望將兩岸事務首長會晤制度化。兩岸情勢的變化，也使海基會是否廢除的猜測甚囂塵上。

訪談中，陸委會方面認為：

> 至少正式協議簽署時，海基會的角色沒辦法取代；萬一有一天，陸委會國台辦可以自己簽協議，也不代表海基會要關，臺商服務這一塊陸委會力有未逮，海基會可以轉型。由海基會負責臺商服務，讓臺商感受到政府幫他們解決問題，海基會可以扮演這個角色，轉型分擔陸委會不擅長的事，在這方面，陸委會沒有意願也沒有能力取代海基會角色[57]。

在大陸政府承認中華民國前，海基會繼續存在是現實上的需要；待兩岸脫下白手套時，海基會也有轉型的必要。

57 見訪談八。

五、領導人因素

馬英九2008年上任後，推動兩岸和解，建立制度化管道，並促進兩岸兩會復談，配合總統政策，在陸委會規劃統籌下，海基會至今與大陸舉行過11次兩會高層會談，簽署共23項協議，議題涵括各類民生、經濟、文化議題。同時，兩岸間的各方面交流也積極進行，如陸客來臺、陸生就學等，進一步深化兩岸交流層面。

由於兩岸政策屬於總統職權，總統的想法與作為關係著陸委會與海基會人事運用，也直接影響陸委會與海基會如何互動。馬英九執政初期，為了平衡國內對兩岸開啟協商的疑慮，任用臺獨主張較激進的臺聯黨員賴幸媛為陸委會主委，引起國內爭議，陸方也表示不解。在這段期間的陸委會與海基會互動表面平和，檯面下仍有暗潮。由於任用較不具兩岸經驗的賴幸媛擔任陸委會主委，相對海基會的角色就吃重許多，因此，馬英九任用曾做過經濟部長的國民黨大老江丙坤擔任海基會董事長，因應兩岸復談經貿為主的步調；另任用參與海陸兩會設立、與馬英九同在陸委會任職過的高孔廉為海基會秘書長，海基會在兩岸談判中的地位，因此較陸委會來得關鍵，所受到的外界關注也較多。

2012年10月海陸人事調整，前國安會諮委、長期擔任總統幕僚的王郁琦接任陸委會主委，海基會董事長則由過去與兩岸政商毫無淵源的前行政院秘書長林中森接任。新的人事調動顯現出馬英九對兩岸政策調整步調的想法，也顯現出馬英九想要確實掌握與指導海陸兩會運作的決心。

陸委會與海基會高層的異動，使兩會互動關係有了轉變。過去相對較弱的陸委會，換上總統過去信任的幕僚王郁琦；海基會董事長則由黨國大老江丙坤換為經歷較平實的林中森，陸委會與海基會在談判協商中的重要性也微妙地翻轉，較為弱勢的海基會董事長使海基會的自主性被削減。2014年2月，前海基會秘書長高孔廉退休，由陸委會特任副主委張顯耀兼任海基會秘書長職務，分管海基會協商業務，陸委會主控兩岸協商的態勢更為凸顯。

張顯耀去職後，再度由陸委會副主委施惠芬兼任海基會秘書長，施惠芬公務體系出身，個人特質又不若張顯耀鮮明，陸委會與海基會的互動因此更加一板一眼。

六、其他兩岸接觸管道

馬英九執政時期除了兩岸兩會制度化協商外，也建立更多兩岸高層間接對話的管道，包括兩岸經貿文化論壇（國共論壇）、博鰲亞洲論壇、連胡會、APEC等，加上陸委會與國台辦建立的直接聯繫機制，過去兩岸只能透過海基會與海協會、靠傳真機對話的時代已經不復返，海基會的功能也因此被稀釋。

由於兩岸關係和緩，啟動制度化協商，加上頻繁緊密的兩岸交流，馬英九時期的陸委會與海基會的從屬定位較為明確，在兩岸相關議題上的目標方向一致，彼此關係仍是合作大於衝突，沒有太過檯面上的矛盾。在兩岸協商制度化後，這個時期的陸委會與海基會互動問題在溝通。陸委會認為，陸委會身為主管機關，不必事事讓海基會知曉；海基會則因此感受不佳，認為陸委會的做法使談判桌上的海基會人員感覺不受尊重。此外，海基會的要求，陸委會處理緩慢，許多迫切的兩岸事務性議題，往往在陸委會擱置許久，海基會在前端與大陸、臺灣民眾溝通，因此備顯尷尬。

溝通不良的另一個原因則與其他部會相關。馬英九執政時期，兩岸簽署許多專業性高的事務性協議，主管部會的角色因而吃重，但過去，其他部會沒有太多與海基會直接溝通的經驗，在訊息的傳遞上，出現誤差或延遲，若陸委會無法居間協調，海基會在兩岸談判場上，就常感受到兩岸談判代表對資訊掌握的差異。

第四章

分析：海陸分工

——陸委會統籌談判，海基會交流服務

陸委會與海基會的從屬關係，在一開始即有法源依據。據臺灣地區與大陸地區人民關係條例第4條等相關條文、民法第32條及陸委會組織條例第3條規定，陸委會對海基會的業務有指示、監督的權責。陸委會也與海基會簽訂委託契約，處理兩岸談判、文書查證等涉及公權力事項，雖隨著兩岸關係變化有所增訂，但基本上都有明確規定。因此，在探討陸委會與海基會互動關係時，更多的是實際執行面的問題。如李登輝時期的陸委會與海基會，雖有相關條文訂出規範，但在執行時，如何詮釋雙方定位與關係，則又出現不同看法。

在制度沒有太大改變的情況下，陸委會與海基會的互動在各個時期，仍有不同變化，本章節試就李登輝、陳水扁、馬英九三位總統執政時的海陸互動，做檢視與比較。

李登輝執政時期，陸委會與海基會相繼成立，兩岸開始就事務性議題開啟協商談判，但應對當時中共對兩岸政治談判的期待，陸委會對談判顯得小心，加上國內與在野黨的監督，相較海基會在前線的積極思維，雙方因職務認知不同、授權體會不同、對兩岸關係的期待不同、溝通不良等差異產生機關間的衝突。本文列舉7項指標中，李登輝執政時期共有國內政治情勢、兩岸關係、大陸政策、兩岸談判方式等4項指標，可窺知陸委會與海基會當時的互動關係。

綜觀幾項指標，李登輝時期的陸委會與海基會互動受到兩岸關係及大陸政策的影響甚深，而國內政治情勢又相當程度地影響當時政府的大陸政策，加上兩岸剛開始接觸談判，經驗尤其不足，當時的陸委會與海基會關係也是衝突最多的時期，在短短3年內，海基會共經歷4位秘書長，與陸委會主委黃昆輝，都有或輕或重的台面上爭執。

而隨著兩岸關係惡化，海基會與海協會的談判中斷，陸委會與海基會的相關業務減少，衝突自然也平緩。到民進黨陳水扁執政時期，在本文列舉7項指標中，有國內政治情勢、兩岸關係、當時大陸政策、兩岸談判方式等4項指標與當時海陸關係造成較大的影響。由於陳水扁政府一邊一國論等偏向臺獨的政策，中共斷絕海基會與海協會的各種協商、交流，陸委會與海基會的互動，也因無事，不再重演過去衝突。同時，因為海基會幾乎喪失功能，陳水扁執政時期的陸委會，也在主任秘書兼任海基會副秘書長的情況下，再由副主委兼任海基會秘書長，這樣的做法或許是因應已經不多的海基會業務，精簡人力；但在陸委會提出「複委託」後，兼任的做法使海基會面臨存廢的擔憂。

馬英九執政時期，推行兩岸兩會制度化協商及各層面的交流，兩岸關係緊密也複雜，陸委會與海基會關係更有相當大的轉變。本文在探討馬英九時期影響海陸關係的指標時，運用國內政治情勢、兩岸關係、大陸決策體系、當時大陸政策、領導人因素、兩岸談判方式、其他兩岸接觸管道等7項指標，檢視馬英九時期趨於複雜的兩岸關係，如何帶來陸委會與海基會的新關係。

馬英九執政時期將兩岸官方接觸視為目標，陸委會作為海基會主管機關的關係也更為確立，減少部分因本位主義及人的性格所產生的海陸糾紛。但雖然如此，兩岸協商議題在馬英九執政時期更複雜、參與主管部會更多，海基會與陸委會仍有資訊溝通不良的問題，對海基會來說，主管機關陸委會越過海基會，直接與國台辦溝通的情況屢見不鮮，不僅使海基會在談判桌上顯得尷尬，更有日後角色弱化的憂慮。

經過本研究針對海陸兩會互動所設定7項指標的檢視，可以看出李登輝、陳水扁、馬英九三個時期各自的特色。

一、國內政治情勢方面，李登輝時期適逢國民黨內主流非主流派之爭，兩派都想插手兩岸事務，分別在海基會與陸委會背後施加影響力。兩派在政治上較勁，連帶也影響陸委會與海基會的組織結構、人員互動，甚至與大陸談判時，都出現兩派人馬主控權的爭奪。另一方面，李登輝時期開啟兩岸對話談判，但國內疑慮未解，在野黨的監督力道，使國內的陸委會在談判上趨於保守，與希望積極任事的海基會常有立場不同產生的對立問題。

陳水扁時期的國內政治情勢則有不同的問題。朝小野大，加上新政黨統獨兩極化的政治情勢，讓陳水扁的中間路線在選票考量下搖擺不定，最終向「獨」靠攏；同時，臺灣主體意識升高，在在不利兩岸關係發展，陸委會與海基會也因為兩岸談判中斷，相處無事。

馬英九時期的國內政治情勢在初期一片大好，執政黨國民黨取得立院多數，兩岸關係進展快速，簽署多項協議並展開交流，陸委會與海基會也展開多方面的合作；不過，由於內政方面的不得民心，使民眾對馬英九第二任期後的兩岸政策產生質疑。

2013年兩岸商簽兩岸經濟合作架構協議（ECFA）下的服務貿易協議，在立院受在野黨杯葛，並進一步衍生出大規模的不信任危機，在野黨及反對人士要求制定嚴格的兩岸協議監督專法，兩岸未來商簽協議勢必受到影響。在這種國內氛圍下，海基會有可能重演陳水扁執政時期無業務可協商的問題，但不同的是，海基會在馬英九時期仍會有為數頗多的兩岸交流、服務業務。

二、兩岸關係方面，李登輝執政時期兩岸開始接觸，一度在良好氣氛下完成第一次辜汪會談，不過，在1995年李登輝赴美國康乃爾大學發表演說、1996年當選第一屆民選總統、1999年提出兩國論，都讓中共大為不滿，展開文攻武嚇。兩國論的提出成為兩岸關係最後一根稻草，交往自此停滯。陸委會與海基會原本因協商造成的衝突也隨兩岸關係停滯而趨於平靜。

陳水扁執政時期的兩岸關係依然沒有轉好跡象，大陸方面停止所有海協會與海基會的互動，甚至禁止海基會人員出入大陸。海基會業務不多，與陸委會幾乎沒有協商方面的互動。

馬英九執政時期兩岸關係加溫，陸委會與海基會業務量大增，互動機會也增多，因此難免出現溝通不良等問題。

三、大陸決策體系方面，李登輝1990年成立國家統一委員會，希望成為大陸事務決策諮詢機關，但最終淡化為形式上的跨黨派諮詢機構。大陸政策還是由黨與行政院運作，其中以1993年7月成立的陸策組是決策協調中心；辜汪會談後，最高決策單位轉向國家安全會議，組織各部會代表，決定兩岸政策方針，再交各部會各自執行，當中也有陸委會與海基會代表。

陳水扁執政時期，國安會議仍是兩岸決策的核心，由總統主導、陸委會規劃研擬，涉及兩岸協商部分，交由海基會執行。陳水扁執政時期也開啟由陸委會副主委接任海基會秘書長的先例，讓原本因沒有業務沒有紛爭的陸委會與海基會，更趨於一致。

馬英九執政時期的大陸政策決策體系由國安會做為總統最高決策幕僚，每周集各部會召開兩岸小組會議，重大兩岸決策由陸委會統籌，各部會執行業務，最終交由海基會與大陸商談或簽署協議。在馬英九執政初期，改變陳水扁執政時期陸委會副主委兼任海基會秘書長的做法，重新將海基會獨立運作。不過，由於海基會對陸委會的訊息傳遞、授權等問題頗有抱怨，且兩岸協商談判進入複雜敏感階段，在2014年，陸委會副主委再度兼任海基會秘書長，希望達到兩岸政策由陸委會主導、「一條鞭」的效果。2014年下半年，張顯耀與王郁琦相繼去職，但在制度化的大陸決策體系下，陸委會與海基會業務互動沒有受到太大的影響。

四、大陸政策方面，李登輝時期重點在強化兩岸對等政治實體地位，也因此，陸委會相當關切海基會在與大陸談判過程中的各種實質、或形式上的對等，對前線談判造成壓力，也使海基會與陸委會在此時期常有各種激烈的衝突與相互批評。

陳水扁執政時期的大陸政策則加劇兩岸關係惡化。在李登輝執政後期已經中止談判的海基會與海協會，在陳水扁時期僅靠傳真機聯絡，從2000年到2008年5月20日民進黨執政期間，海基會發函給大陸海協會7069件文件，海協只給海基41件，當中主要係臺灣颱風與辜振甫去世時的慰問。因此，陳水扁執政時期的陸委會與海基會關係，持續著李登輝後期的無事平穩，沒有過多互動也沒有太多爭執。

馬英九執政時期，推動兩岸在「九二共識」基礎上，建立制度化協商機制，並秉持擱置爭議的精神，發展兩岸經濟、文化、社會等各層面交流。海基會在此時期有更多發揮空間，隨著兩岸協商議題更多更廣，海基會與陸委會的互動也變得更為緊密，雖仍有磨擦，但相較李登輝時期，是合作多於衝突。

五、領導人因素方面，由於兩岸歷來是總統職權，由總統決策。因此，總統對統獨、臺灣主體性等兩岸議題的個人傾向，就會顯著的表現在其大陸政策。李登輝在執政後期擴大對臺灣主體性的推動，提出兩岸特殊國與國關係論；陳水扁執政後期，也加強對國內獨派的呼應，提出一邊一國論；而馬英九則主張不統不獨不武，希望在擱置兩岸複雜問題，先尋求雙方互信的穩定。歷任政府對兩岸關係的不同看法與目的影響兩岸關係，同時也影響海基會與海協會接觸，在兩岸協商中斷時，海基會與陸委會的互動關係就相對趨於平淡，也較緩和。

六、兩岸談判方式方面，李登輝執政時期兩岸雙方對「一個中國」議題取得各自表述的共識後，兩岸兩會在先就兩岸事務性議題協商的默契下進行正式的接觸、協商、談判，但陸方當時不斷藉兩會談判場合及機會釋放政治話題，避免引起過多政治影響，陸委會要確保與大陸協商談判的海基會確實遵照大陸政策方向，不能逾越陸委會的掌握，協商最後的決定權須由陸委會拍板才能定案。海基會則持談判代表應有空間發揮的觀點，對陸委會多有怨懟。

陳水扁執政時期，雖然兩岸關係惡劣、海基海協協商停頓，但兩岸仍有就特定議題協商談判的例子。且透過複委託方式，讓政府官員以民間機構顧問名義坐上談判桌，實質操控，達到等同兩會協商的效果。在此時期，海基會原有功能幾乎完全喪失，與陸委會業務互動變少，雙方關係因而和緩。

馬英九執政時期，兩岸建立制度化協商管道，但隨著兩會會談議題開始進入較艱難的經貿、敏感的政治性議題，馬英九執政時期的兩岸談判主力也由海基會轉變為各相關政府機關，視協議內容，由兩岸主管機關對口協商談判，陸委會統籌、協調各機關間的談判內容及方式。

七、其他兩岸接觸管道方面，李登輝執政時期兩岸雖已建立海基會與海協會半官半民的溝通管道，但「密使」仍是兩岸高層間溝通與建立互信的重要關鍵。相較大陸海協會，李登輝的密使管道當時在國內相當低調，連大陸政策體系內的海基會，對兩岸密使往來都不知情。

陳水扁執政時期，由在野黨國民黨與大陸共產黨間的兩岸經貿文化論壇管道開始建立，國民黨雖是在野黨，但挾國會最大黨的地位，國共論壇上的各種共識某種程度影響兩岸發展方向。但是，在李登輝與陳水扁執政時期的兩岸其他溝通管道，都不致於明顯影響陸委會與海基會關係。

到馬英九執政時期，包含國共論壇、亞洲博鰲論壇，及連戰、吳伯雄等國民黨大老與大陸領導高層的會面場合，基本上都是政府兩岸政策的一環，輔佐陸委會、海基會等官方管道運作。在馬英九第二任期，開始擴大對官方接觸管道外的利用，2013年陸委會主委王郁琦以幕僚身分陪同出席APEC，並與陪同習近平出席的大陸國台辦主任張志軍在場外會面並互稱對方官銜；2014年2月，王郁琦訪問大陸南京、上海，與張志軍進行一次正式兩岸事務首長會議、一次近3小時的茶敘，其間雙方確立直接的聯繫溝通管道，及陸委會國台辦高層互訪的共識。在陸委會與國台辦可不透過白手套直接接觸的情況下，海基會與陸委會未來的互動，可預料的將會降低海基會在兩岸談判議題上的影響力。

若比較三個時期，兩岸關係是決定陸委會與海基會互動的關鍵因素，若兩岸關係惡化，海基會與陸委會業務溝通的機會也下降；但在兩岸關係和緩、展開交流的時期，海陸在合作過程中因本位主義導致的不和，也就會凸顯出來。從李登輝執政時期激烈的衝突，到馬英九執政時期私下的不滿，陸委會與海基會紛爭的主要原因是「人」或「制度」，在訪談中各有不同說法，但「人」的因素太過複雜，為解決紛擾，未來陸委會與海基會的互動，應會傾向制度微調，以制度來限制人的變因。

表六：各時期指標強弱表

	李登輝執政時期	陳水扁執政時期	馬英九執政時期
國內政治因素	強	弱	中→強
外部兩岸關係	強	強	強
大陸決策系統	中	弱	中
當前大陸政策	強	強	強
領導人因素	強	中	中
兩岸談判方式	強	弱	強
其他接觸管道	中→弱	弱	弱

作者製表

未來陸委會與海基會關係發展，將受幾個因素影響：

一、陸委會與國台辦建立直接聯繫機制

2014年2月11日，陸委會主委王郁琦赴大陸南京、上海，與大陸國台辦主任張志軍共進行一次兩岸事務首長會議、一次茶敘，雙方會面時以官銜相稱「主委」、「主任」。王郁琦此行是自兩岸1949年分治以來，首度兩岸事務主管機關負責人歷史性的面對面會晤，王郁琦的繼任者夏立言，也延續此機制，與張志軍互訪，加上陸委會與國台辦首長的熱線建立，兩岸官方會有更多政策方向的對話，在兩岸協商方面，也會有更多接觸和直接的協調溝通。

在陸委會與國台辦建立高層聯繫管道後，海基會居間傳話、協調制度化協商的功能因此削弱。陸委會方面對此表示：

> 未來在兩岸談判中，政策面將由陸委會推動、協調，海基會負責交流與服務，尤其強化臺商的聯繫及服務功能，責任將愈加重要[1]。

顯見在海基會「交流、服務、協商」三大功能中，陸委會將完全掌控「協商」的主導、規劃權，而未來海基會若專注於交流、服務事項，也應當能減少與陸委會因「管理」、「資訊傳遞」等不同調的矛盾。

---

[1] 海基會，「關鍵時刻，全力以赴——專訪張顯耀副董事長兼秘書長」，交流月刊，頁34。

二、陸委會官員兼任海基會秘書長

若回顧陸委會與海基會互動的歷史，在兩個機構互相獨立運作、兩岸事務繁多的情況下，容易發生紛爭。這種情況在李登輝執政時期特別顯明，在1991年兩岸剛開始接觸、談判的期間，「海陸大戰」時有所聞且見諸媒體；到1995年兩岸關係惡化、1999年兩岸中斷接觸時，陸委會與海基會的關係也因兩岸減少交流，不再出現劍拔弩張的情形。

馬英九執政時期，由於兩岸復談，交流、協商談判等業務大增，初期任用經驗豐富的江丙坤與高孔廉擔任海基會職務，在兩岸協商談判時，也多仰賴二人。不過，隨著兩岸制度化協商愈來愈穩固，陸委會與海基會於談判過程中的部分矛盾也被凸顯出來，陸委會以主管機關的立場，認為海基會只負責執行，海基會則抱怨陸委會給予的資訊不足。

2014年2月，陸委會宣布由特任副主委張顯耀兼任海基會秘書長。陸委會說，這項人事安排，將有助於陸委會與海基會工作團隊持續緊密合作。未來陸委會將在兩岸政策協商方面將扮演更積極角色，也相信海基會在兩岸交流、臺商疑難協處及各項為兩岸民眾服務事項上，繼續發揮積極不可替代的功能[2]。張顯耀去職後，仍延續陸委會副主委兼任海基會秘書長的做法，在前後任銜接過程中，並沒有出現太大的問題；同時，繼任者施惠芬長期於公務體系服務，相繼張顯耀個人鮮明特質，低調許多，更降低未來陸委會與海基會互

2 翟思嘉，「高孔廉遺缺 張顯耀兼任」，中央社，2014年2月6日。

動過程中「人」的變因。

為因應兩岸協商複雜、政治化的趨勢，當中需要的政策指揮也愈多，陸委會負責統籌協調，與海基會的制度關係漸漸趨向「一套人馬，兩塊招牌」形式，希望整個兩岸協商談判，能達到「一條鞭」的效果，也避免與海基會出現對政策解釋不同調的現象。

三、國內民意氛圍

兩岸兩會在第9次會談時簽署兩岸服務貿易協議，協議文本公布後在國內引起爭議，協議送至立院審議時也遭到杯葛。在國民黨籍召集委員強行讓服貿協議在委員會過關，送交院會後，國內反對人士占據立院議場，展開長達24天的抗議。行政部門因此應反對人士要求，研擬兩岸協議監督條例制訂，但朝野對此仍有不同意見，議案因此延宕。國內對兩岸談判協議的保留，是否會演變為全面的反對兩岸協商談判，致使陸委會與海基會在兩岸談判合作方面，再度進入空窗，還待後續觀察。

四、兩岸兩會互設辦事機構

自1991年兩岸開啟海基會與海協會的兩會對話協商機制以來，兩岸兩會在對方互設機構的議題，多次被提及。2011年10月17日馬英九主持「黃金十年」系列記者會，除表示審慎斟酌未來是否洽簽「兩岸和平協議」外，並重提將循序推動兩岸兩會（海基會與海協會）互設辦事機構。兩岸兩會互設辦事機構因此由兩會主管機關陸委會國台辦持續地商談，雖然為避免爭議，採取白手套海基會與海協會出面設立辦事機構的方法，但雙方對領事權問題的僵持到今天依然未解。不過，陸委會對兩會互設的辦事機構已有相當定見，辦事機構雖掛海基會與海協會招牌，內部人員將大部分是政府各部會官員，視雙方關切的重要議題，安插不同部會的官員，海基會人員在駐大陸辦事機構將不會有太多角色。另一方面，海基會在大陸辦事機構的代表人選相當受關注，但陸委會也直言，代表人選絕非海基會能自行決定。

結語

曾有擔任過海基會秘書長的受訪人說：

> 要蓋海基會大樓之前，江丙坤向我抱怨，說你們那時候都沒有弄房子，害我們現在租金這麼貴。我說：董事長，我們那時的海基會使命，是盡早結束海基會，讓海基會成為過去，和現在的思路是兩回事[3]。

海基會成立最初時，一項所有人都沒有說破的目的，就是盡早結束海基會。海基會最初的構想只是兩岸關係過渡時期的功能機構，白手套終有一天要脫下來。但是，20多年過去，海基會角色功能雖有弱化，在中國大陸仍無法承認與中華民國兩岸分立的現實時，海基會的存在仍有必要。不

[3] 見訪談五。

過，在主管機關陸委會與國台辦官員直接見面會晤、在陸委會官員兼任海基會主管事務的秘書長一職，且在兩岸談判扮演角色後，白手套愈來愈薄已是不爭的事實。海基會20多年來的「談判、交流、服務」業務，即將缺了「談判」功能，如何運用「交流」、「服務」經驗，尋求轉型，是海基會與陸委會當前的考慮，也是未來可能的方向。屆時，陸委會與海基會衝突的可能性將較過去，更為降低。

本研究認為，海陸兩會以往的扞格隔衝突應已經走入歷史，隨著海基會在兩岸協商的角色大幅轉變，未來陸委會與海基會關係和緩，加上陸委會與海基會權責劃分日益明確，日後的陸委會與海基會互動可預見將趨於平順。但在兩岸及國內立法行政互動的新形勢下，陸委會與政府各部會間的關係勢必會更加重要，在未來兩岸談判議題上，甚至超越過去「陸委會─海基會」的直線思維，轉而向「陸委會─各部會」的多重連結邁進。另一方面，立法機關於兩岸談判中的角色愈來愈重，如何做好立法監督與行政間的平衡，將是陸委會日後要面臨的挑戰。

第五章
陸委會、海基會高階職務受訪者訪談記錄

訪談一

訪問者：A

訪問時間：2014年1月29日

Q1：你曾參與陸委會與海基會的設置過程嗎？

A　：我沒有參與。我1991年7月才接陸委會，陸委會與海基會都在之前成立，陸委會第一任主委是大陸工作會報的召集人。

不過，兩岸人民關係條例在1990年通過，送到立院，在我上任時，還沒有通過，經過我與立委溝通推動，讓兩岸條例在1992年7月16日三讀通過，7月30日公布，9月18日實施。

Q2：你過去沒有相關的兩岸事務經驗，為何找你接陸委會主委？

A　：我也覺得意外，我的過去經歷都在教育，當時我當政務委員，負責的也是文教方面事情。我當時正在加拿大溫哥華訪問，回程時接到行政院秘書長電話，告訴我這件事情，事後我問，長官告知是「上面兩位長官敲定」的結果。

我想讓我接陸委會主委，可能因為我當時也是政務委員兼三民主義統一中國大同盟秘書長，這算一點背景；此外，可能與省籍因素有關，上面考慮到當時兩岸剛開放，找本省籍人接陸委會主委可以消除一些國內疑慮，像海基會要與大陸方面接觸協商，就找外省籍的陳長文，跟他們比較聊得來。

當時我接任感到誠惶誠恐。我當陸委會主委三年半來，完成辜汪會談，還算符合我當時就任時，對自己的期許。

Q3：你在任時和海基會有些衝突，問題的癥結是什麼？

A：陸委會的法定定位是「統籌處理兩岸事務的主管機關」，海基會則是政府唯一授權處理涉及兩岸公權力事務的中介團體。陸委會和海基會的機構角色，角色扮演是不同的。海基會經政府授權，為陸委會不方便與中國大陸談判時的白手套，主要處理與公權力有關事務，經政府授權，海基會是否能憑自己意思去做事情，有待商榷。

此外，各部會都有代表，是行政院大陸委員會的委員之一，當時各項兩岸決策，都是政府各部會間的共同決策，不是陸委會專斷。辜汪會談時，相關策略都經由陸委會、國安局、經濟部等部會成員組成的兩岸策略小組決策，之後送行政院通過，才交由陸委會授權海基會會談。海基會的角色應該是陸委會的傳聲筒。不過雖然如此，當時陸委會與海基會合作相當密切，不是像外界所說的那麼不和。辜汪會談時，陸委會是全程待命。海基會與海協會上午談完，陸委會中午就開便當會開始討論，到下午談完，晚間就開始討論明天的談判策略與方式，往往討論到凌晨，海基會也就這樣等到半夜三點。

官方與民間看法不同的差距，也是當時海陸產生問題的原因之一，比如當時談的文書驗證、掛號函件等議題，卡在中共一個中國原則下沒有進展，海基會就相當焦急，催促政府趕快就此問題提出解決辦法，才有當時兩岸對一個中國問題的各自表述。海基會抱持著創造歷史的使命感，但如果因此認為（談判）非成功不可，整個策略都會有問題，會失去談判籌碼，尤其我們當時兩岸交流的經驗仍然不足。

海基會的角色踐行和認知與陸委會有差異，我認為，機構角色認知的差異佔當時海陸問題的大部分因素。我在任時經歷三位海基會秘書長，我到現在都很敬重他們，當時我們的問題也沒有像媒體報導的那麼嚴重，大部分時候仍然是合作無間的。

Q4：當時的國內政治環境如何？

A　：當時兩岸事務相當敏感，海基會海協會談判，在野黨非常關注，不信任政府與大陸交往，也對政府帶來壓力。當時的立委陳水扁還提出要派人在談判場合監督談判。

Q5：當時大陸決策體系是如何運作的？

A　：當時兩岸談判是經過集體決策的，設有兩岸策略小組，包括國安會、國安局、陸委會、新聞局、外交部等相關部會代表組成。初期大陸決策是由行政院、黨及海基會陸委會等組成小組；之後國安會角色變大，李總統定期召開國家安全會議，組織各部會代表，決定國家大政方針、國防、外交、兩岸等，定下決策後再交各部會各自提案修法。如1996年中共發射飛彈，李登輝說自己有十八套劇本，這些因應方案就是國安會議擬定的；又比如民國84年初，防堵偷渡客主管機關互不隸屬，出現漏洞，也是經國安會議討論，事權統一，因此成立海巡署。

辜汪會晤1998年時，也由國安會召集，談判策略小組包括國安會秘書長、外交部長、新聞局長、國安局長、陸委會、海基會等代表，召開集會協調，以便發言一致。

Q6：兩岸關係走到今天，你認為陸委會與海基會的角色是會否有些改變？

A　：過去兩岸談判僅限事務性，現在陸委會和國台辦官方對官方協商，海基會的階段性任務已經完成，兩岸談判不應該再經過白手套。何況陸委會跟海基會還有機構定位認知不同的問題，海基會功能盡失，角色可以免了，若照當初國統綱領，也是如此規劃。

Q7：海基會準備與海協會互設辦事機構，你認為海基會駐大陸機構的定位應該如何？

A　：應該與大陸地位對等，包括簽證、保障國人人身安全、司法探視等功能都要有，且互設辦事機構應該由官方對官方商談，並經立法院審議通過後才能定案。

訪談二

訪問者：B

訪問時間：2013年10月25日

Q1：你曾參與海基會的設置設計嗎？

A　：紅十字會當初是在兩岸溝通的最前鋒，為了遣返一事與大陸簽了金門協議，政府同時也在規劃國統綱領。

陸委會與海基會運作的設計，不是我一個人的考量，是陸委會及大陸政策工作小組主要負責設計，我是一介平民，說不上去設計，我當時是律師也是紅十字會秘書長，或許在法律設計方面有參與一些。

我在紅十字會時，發生三保警事件，過程中我們找機會跟大陸說，要設立海基會，要用民間團體受政府委任方式運作，他們也了解，我想高層也溝通過了。會這樣設計因為當時仍未解除動員戡亂，大陸仍是叛亂團體，要跟他們接觸，必須要是民間不能是政府。

Q2：陸委會與海基會的衝突，是因為海基會權限太大嗎？

A　：陸委會與海基會沒有權限大跟小的問題，海基會章程中寫得很清楚，受政府委託處理兩岸事務，這個財團法人是為特殊目的成立的財團法人，

這是一種委任關係，政府、陸委會是委任人，海基會是受任人，受任人海基會有能力、有人、有董事

會、受政府委託，受任人接受政府委託幫委託人做事情，受政府委任的，海基會一定是在委任範圍內做事情，不可能逾越範圍做事情；若委任範圍很大，受任工作就很多，但也不能超越委任範圍。

從這角度來看，若說海基會權限太大，當初設計上不會有這些問題，政府委任多少你就做多少，因為做多不會有效果。海基會權限是否太大是見仁見智的問題，但我認為是剛剛好。

Q3：當時大陸政策如何運作？

A　：大陸政策是李登輝非常重要的一件事情，當時還有國統會，陸委會出來後，行政院就有行政院角色。

我們在海基會角色，印象中只要是行政院有開會需要海基會，海基會都會去參加他們開會，總統府、行政院陸委會與大陸接觸的中介就是海基會，其他包括一些民間團體，但陸委會還是會對外表明，受任人只有海基會一家，等於告訴中國大陸只能接觸海基會，不然不會有效果。

Q4：當時國內政治環境如何？

A　：當時主要政黨有國民黨、民進黨，我唯一一次在立院備詢，當時的立委陳水扁還質詢過我。

民進黨一定覺得你有問題，（兩岸談判）一定有別東西的在裡面，但其實就算真的有，也不會透過海基會。

Q5：你認為陸委會與海基會的衝突癥結是什麼？

A　：我印象中確實有，甚至包括我在內，在我任內我去過大陸兩次，一次在大陸時，大陸領導當我面說一個中國，我說沒問題，他說臺灣是中國一部分，我也說沒問題，就像大陸也是中國的一部分一樣。當然目前一個中國誰是中國仍未定，也可以說一國兩制不是我們要追求的，一國「良」制不是更好嗎。

海基會除了我，接下來看到的秘書長幾乎都是公務體系出身，只有我是真正純粹的老百姓，對像我這樣的受任人來講，我們是受任去大陸做民間交流，但交流很難說民間或非民間，尤其中國大陸一定會提出非民間問題，我身為秘書長帶團去，上面那些話，我覺得沒有任何問題，但政府就已透過電話告訴我同事，叫我不要談這類問題，說這些不是你們要談的。

陸委會與海基會很難完完全全契合，因為究竟我們都是不一樣的人，更何況到後來我發現，每一個做（海基會）秘書長的，有的是公職在身或公職退下來，跟政府關係遠遠超過我當時的角色，但他們仍然會跟後方陸委會有些矛盾。我覺得是協調出了問題，這些問題註定會出現，但都是茶壺裡的風暴，（對兩岸政策）應該不是問題。

對海基會來說，每一個事情都是陸委會授權，每個步驟都是陸委會控制，其實衝突都是小的衝突，媒體把它放大，再加上民進黨在國會的反對意見，再加上海基會與陸委會每一個人，彼此間多少有小意見的不同，都有可能，但都是茶壺裡的風暴。

Q6：陸委會對海基會的授權情形如何？

A　：授權情形應該還算是蠻恰當的，但我認為因授權造成的海陸衝突，是人的關係，都是茶壺裡的風暴。

執行工作過程中每個人都有每個人的脾氣，到了後面江丙坤跟賴幸媛也有問題，跟前面其實是差不多的。可能江丙坤覺得一直被穿小鞋沒辦法發揮，雖說是陸委會不給他權限，但賴幸媛身為陸委會主委，是馬總統親手選的，說白一點，變成是馬總統不給江丙坤某種程度的權力。

以前我在海基會時，臺北認為有些話不該講，我會覺得並不當然。陸委會對海基會授權情形，我會覺得從第一天到現在，感覺不會有不一樣。若委任人挑剔到一個程度，受任人會動輒得咎，受任人也不應該喧賓奪主，會逾越委託人給你的權限。

第一任海基會幾乎99.999全是老百姓，其中沒有任何一個政府人員擺在我們這裡的，後來愈來愈多從陸委會或公家體系來的，比如現任海基會董事長林中森，你會發現他跟政府間的關係到一個程度，林中森會比江丙坤要順暢的多，林中森依然是海基會董事長，但那個人跟委任人之間的關係不一樣，林中森和王郁琦要發生矛盾也有可能，但也只是內部在規劃上出問題。海基會原來一開始設計是正確的。

若政府嚴謹到一個程度，說不好聽點叫吹毛求疵，被他吹毛求疵那些人都不是唯唯諾諾的人，衝突就可能發生。但都是茶壺裡風暴，每個人都去檢討後，會覺得慚愧，二十年之後會覺得何必呢，都是很小很小的事。

Q7：你在海基會任內有沒有與陸委會發生衝突？

A ：海基會曾經想兩岸要交流，尤其很多董事，心中都有理想，認為兩岸關係要往善良、和的方向，不僅促進政府接觸也要關心大陸民眾。那時中時辦一個「希望工程」展覽活動，如火如荼，海基會有些董事比如高希均很有興趣，海基會就開會，呼籲號召大家捐款，也要跟大陸談認養一個計畫。那時陸委會覺得海基會你幹嘛要做這種活動。在野黨在國會質詢時反對，認為大陸拿錢向俄國買航母拿來打臺灣，我們還支持希望工程很荒謬。我參加的行政院會議裡頭也有政府高層人士說，這種希望工程不要去支持。

當時海基會董事為希望工程這件事開個會，會後去吃了頓飯，陸委會還來調查海基會是不是有這回事，甚至還要看我們的帳，是不是開會、有沒有吃飯。這件事我覺得，若要慚愧應該是陸委會要覺得慚愧。

這種事若在公家體系裡應該就不會發生，若我是公務體系出身，我就應該知道這氛圍、不該管希望工程的事，但學者、專家、民間人士會覺得這當然該做，不要說有戰略意義在裡頭，更何況是民間的事。

舉這個例子可以活生生看到當時之所以發生矛

盾，是因為不同人的背景，有些人小鼻子小眼睛，但海基會也或許不是那樣一板一眼。

Q8：有人說陸委會與海基會一開始衝突的癥結在執政黨內部的主流與非主流之爭？

A：我跟郝柏村關係比較接近，確實有這些事情。主流非主流都是國民黨內部的事情，那也是茶壺裡風暴，不可能影響陸委會與海基會關係。

海基會所扮演的角色都記錄的清清楚楚，海基會不可能主動去做陸委會不同意的事，何況海基會與海協會協議後的東西，也要拿回來，經過政府、經過立法院才能進行。海基會本身不可能是脫韁之馬，若說行政院長主導海基會，總統跟行政院長主導的海基會意見不一樣，這個狀況推演下去是不會成立，也不可能成立，尤其在臺灣的制度之下。

Q9：你對現在兩岸互設辦事機構有什麼看法？

A：我在做秘書長任內就跟記者說，在大陸設辦事處希望愈早愈好，我們民間交流，不能靠秘書長天天飛大陸，設辦事處在功能上絕對有意義，我們辦事處設在臺北怎麼服務在那的臺灣同胞？我們同樣歡迎他們來，但有點遺憾，過了二十年辦事處還沒設立。

兩岸互設辦事機構後，我們政府管之使指，海基會在大陸代表也像領事，我覺得非常可能也很有道理，兩岸關係不是國際關係，但也不是單純國內關係，兩岸各自有政府法律，兩岸又必須要溝通促進交流，終極目標是回到兩岸各自憲法裡規定，目標是一樣的，差別在走哪條路。

Q10：你當時提互設辦事處，陸委會那時怎麼回應？

A　：當然笑笑，甚至說這些是不該你來管。但當時若我們要做，大陸也不會讓我們去的。

Q11：你認為兩會互設辦事機構後，海基會地位會改變嗎？

A　：海基會成立第一天我就告訴同事，我們任務是愈早結束自己愈好，代表民間交流的任務完成。其實對臺灣來講，若馬總統到大陸，或大陸領導人到臺灣與馬總統互稱官銜，那時海基會當然是功成身退，但並不表示海基會要解散。海基會有很多人才，可以真正做很多文化交流，若只是驗證等功能，不需要海基會也可由政府直接做。

Q12：當初離開海基會的原因？

A　：我覺得我的角色扮演差不多了，我一輩子都在做律師、做老師，海基會剛開始成立時，就在我律師辦公室的同一棟樓，我每天早上到律師事務所去一下，大部分時間都在海基會，雖不是專職，義務上還是要做事。當時國內政治情況複雜，有民進黨、還有主流非主流等問題。我覺得夠了，該要做的都做了，何況真要做多一點，像希望工程這種很小但蠻有意思的東西，也會有問題。

當然從政府角度來看，可能我也有點麻煩，其實我早就忘掉了主流非主流，但難免在他們的考慮裡都會有。（離開）是我自己決定，但覺得沒有東西讓我繼續去發揮。

訪談三

訪問者：C

訪問時間：2013年9月17日

Q1：陸委會與海基會為何會有衝突？

A　：當時海基會是在郝柏村院長的所謂創意與指導之下成立的，開始運作後大家都希望掌握海基會，才能掌握大陸，大概是這個思維。

海基會依照章程有兩個區塊，一是受政府委託和大陸談判，這部分政府是委託人，叫你做什麼就做什麼；但另一方面，海基會章程規定海基會也有服務兩岸人民解決許多瑣碎的問題的功能，這部分不受政府委託的。當時海基會內部認為這部分應該要是可以自主的。

當時國內正經歷主流非主流之爭，上層鬥爭就會影響這海基會與陸委會的關係。可以牽涉到的人都想要掌握（兩岸事務），包括情治機關，有時在飛機上電話就來了，告訴我有什麼問題跟我講不要跟他講。

表面上是兩方吵架，其實牽動到更高層次，兩股勢力要去阻擋（攔截）兩岸，這才是不安的因素。

此外，李登輝當時請親信黃昆輝做陸委會主委，每個人個性不一樣，他喜歡大大小小事必躬親，掌握海基會，甚至有時候很中性、服務性的工作，陸委會都要插手干預，干預到一定程度，海基會也覺得沒有意思。後來陳長文離開，我勉為其難幹了兩年一個月，我全心全力投入，那時候陸委會副主委馬英九是我的窗口，每天都要聯繫，有時候辦一些很中性的活動他們都要表示意見。陸委會與海基會為何衝突，一定不是單一事情，一定是累積起來的。

Q2：當時國內反對黨如何看待海陸的關係？

A　：當時立委提出海基會監督條例，立法院要審查，要審查前我也曉得是很爭論性的問題，立院要審查前，辜振甫對我說，要捍衛海基會的尊嚴與利益。當天在立法院，我記得在野黨所有立委輪流排隊質詢，早上下午站了一天。當中有一個插曲，在陳水扁質詢時，他說，「我看你到海基會工作並不快樂，到底有什麼委屈？」當然我不會講，他就在那邊說「你是縮頭烏龜！」，我開始有一點火氣，我拋出我皮夾說，你拿的身分證與我拿的是同一個單位，為什麼我是烏龜你是人。接下去他又反覆的問與陸委會的關係，後來我打一個比喻，說我在海基會工作兩年，前一階段好像坐在輪椅上，意思是我雖然不能走路，我還可以用我手推輪子慢慢行動，第二年我的感覺好像躺在擔架上動彈不得。這句話反映我當時內心的感覺，也是事實。

那天晚報都報導這件事，說是「海陸大戰」。我當天回到辦公室，覺得幹這個沒什麼意思。辜先生詢問繼任人選我也提出建議，過沒多久李登輝提出邱進益，邱當時做總統府副秘書長，意氣風發，覺得是李登輝左右的人。我當時對他坦白說，你不要樂觀的太早，下場不會好到哪裡，事後沒有一個月就開始吵，不到半年就下台，邱進益當然更沒辦法忍受。

Q3：你提到從坐輪椅到變成坐擔架，中間轉折點是什麼？

A　：轉折點講白就是黃昆輝與施啟揚之間的轉折點。施啟揚還是學者，做事情很客氣，講話輕輕地講。

　　遺憾當時這些人沒有遠見，變成意氣用事修理海基會，陳長文也常被修理，他那時推動希望工程，去了以後，馬英九高孔廉就打電話來問，為什麼要參加希望工程的圖片展覽。

Q4：反對黨如何看待海基會或你個人的角色？

A　：當時國內政治環境還很複雜，黨內黨外加上大陸問題本就是敏感問題，對臺灣部分民眾來說，反共抗俄幾十年，突然間要開放；加上黨外這些人，很多人的家庭就是被這種解嚴、戒嚴弄得一輩子心理不安，他們有時候看到我罵我臺奸，我只好笑一笑，後來我也到過自立報社做社長，我也了解他們心情。

Q5：海陸不和，你認為是制度問題或人的問題？

A　：制度設計沒有問題，我也曾參與規劃，我想如果有問題，應該出在當時國內政治環境、主流非主流之爭，及陸委會海基會人與人之間，對同樣一件事情有不同角度、不同立場。

陸委會與海基會本來的設計是陸委會管政策，和大陸談判就交給海基會；另一方面，海基會章程中很多服務性工作，就應該放手讓海基會做。

海基會剛開始也有7、80人，每個團體都需要士氣，每天工作每天戰鬥，成員就有成就有參與敢，才會有活力有生命，一個單位存在，從陸委會立場就是「你在那邊睡覺就好，有事叫你」，這樣也蠻難的。若負責大陸談判的人，在國內不尊重他，他怎麼去跟別人談？

時勢沒有問題的，如果有問題就是大環境，這個架構在當時沒有問題，但當時架構是否適合今天又是另一個問題。

Q6：你在1992年9月在廈門與鄒哲開會面，為何做此決定？陸委會後來表達出不滿，你當時怎麼看，現在又怎麼看？

A　：我為了促成辜汪會談跑了一趟廈門，因為陸委會綁手綁腳不讓海基會去，也不讓大陸來，當時文書案件已累積幾萬件，不能解決；很多收容中心偷渡客爆滿，大陸不來接，故意製造臺灣內部困擾，我當時利用有些大陸客要遣返的時候，以到廈門實地看看遣返作業的這個名義，跟北京聯繫說我會去，雙方談一談文書查證。

去廈門這趟，我事先開會時都與黃昆輝馬英九提及，他們也沒說不，等到我要去時他們說你沒有報。

我又不是小孩，我開會報了不是報？我要出發前，陸委會給我公函說可以去，但只能談偷渡客遣返，不能談其他。

在廈門時，我跟大陸提出我們的一中定義，他們當場同意讓許惠佑和周寧到香港，他們也把我拉到旁邊，說辜汪會談考慮到辜振甫的特殊情形，大陸特別同意在新加坡舉行。

Q7：李登輝時期的大陸政策體系？

A ：那時架構，國統會是空架子，從頭到尾都沒有用處。那時有大陸政策指導小組，都是做過院長，像李煥、郝柏村、沈昌煥、蔣彥士，很少開會，印象中一年開一次。

指導小組下面有工作小組，有中央黨部秘書長總統府秘書長陸委會海基會，那時行政院會是禮拜四，工作小組七點在行政院餐廳開會，吃饅頭喝豆漿喝稀飯，兩小時出來，黃昆輝就去開行政院會。

李登輝剛開始時對黨政軍掌握不穩，等他穩定，手就慢慢伸進去，第一步是把行政院特種委員會設立指示條例，黃昆輝進陸委會後，就慢慢掌握海基會。

那時大陸政策很多事都經工作小組討論一下，國安局長宋心濂也有參與這個早餐會。

行政院大陸委員會的會議則是各部會派員參加，大部分審法案，法治面部分由陸委會處理。

Q8：陳水扁執政時期，由陸委會副主委兼任海基會秘書長，你認為紛爭是否因此減少？

A　：這個方式有點奇怪，雖然也是好，既然定位是民間團體，你要差一個副主委來，來當然一看公文了解一下，跟他們聯繫，雖然是加強聯繫，但有時候也會阻撓。我想就是沒有以前隔的那麼遠。授權業務當然要聽授權機關，但海基會章程很多是旅行服務功能，這些業務還要請示就沒有道理，所以現在假定紛爭比較少，因為兩岸業務多起來，以前業務比較少，每件事都要管，現在管不了。

Q9：在兩岸各部會可以直接業務溝通後，海基會是否會喪失功能？

A　：當年因為不接觸設一個中介團體海基會，現在直接接觸，大陸反而不願意拿掉這中介團體。

現在兩岸簽署協議、都直接談，但用什麼名義談？用商務部對經濟部嗎？有這個問題。若現在直接談不要有白手套，要回到基本問題，是中華人民共和國商務部與中華民國經濟部，赤裸裸出現兩個中國，若簽的是海基海協，看不出是兩個政府間的事。兩個民間團體，變成遮羞布。

Q10：你怎麼看兩岸兩會互設辦事機構？

A　：有很多問題，比如用什麼名義，用海基會很奇怪。此外，與大陸接觸跟對外國不一樣，海基會派駐代表應該是屬於陸委會下面，但也會向駐外代表一樣，名義上附在外交部下，實際上由總統認命的，所以代表可大也可小，這個位置一定要跟執政者有一定程度的關係才能當，也不是陸委會可以決定的。

訪談四

訪問者：D

訪問時間：2013年2月26日

Q1：你當初參與設立陸委會與海基會，當時的規劃是什麼？

A　：兩岸之間有走私偷渡、打擊犯罪、漁事糾紛問題，當時行政院有港澳地區工作會報，但沒有大陸工作會報，在整個行政決策體系內，沒有單位負責兩岸關係。因此李登輝雖然決定開放探親，但沒有經驗，不知從何做起。

李登輝剛上任，要將兩岸事務主導權抓在手裡，主導發言與決策，同時藉此對付非主流派。

當時國內改革聲浪很大，政治上也不是很穩定，李登輝初上任，國內、兩岸要先穩定，他有一點著急，因此特別從南非把我找回來，幫助規劃兩岸間的事務。

當時李登輝成立五人小組，成員有行政院副院長兼港澳地區工作會報召集人蘇起，研考會主委兼大陸工作會報執行秘書馬英九、總統府秘書長邱進益、國安會副秘書長董世芳、國安局局長宋心濂。五人經常聚會，思考規劃兩岸關係如何有系統的走下去。因此在商議後決定組織國統會，由陸委會落實，但礙於三不政策，避免官方接觸，就成立民間事務單位海基會，充當白手套，政策決定後交由白手套去負責談判。

Q2：為什麼會有海陸大戰？

A　：大陸涉臺系統是一套人馬兩塊招牌，但臺灣沒辦法這樣做。陸委會希望海基會是百分之一百臣服陸委會，是沒經過允許什麼都不能做的白手套，是陸委會的另一隻手。

但海基會有組織章程，且成立資金一部分是民間捐款一部分是政府資助，有兩個老闆。海基會的認知是，海基會受陸委會委託授權處理兩岸談判事務，但授權之外的部分就不受陸委會支配。比如海基會應工商界希望，發動兩岸間工商領域的連繫交流，就該是海基會有權利的。海基會認為授權之外我是我自己，與陸委會有基本認知上的不同。

陳長文的非主流色彩太明顯，李登輝當時要找一個他信得過的人負責對大陸談判，因此我以副秘書長身放下放海基會秘書長，李登輝又派焦仁和去陸委會；李登輝這樣的安排還有省籍考慮，由於辜振甫是本省人，派外省人當秘書長，另一方面也是為了安撫非主流派。

我當初去的時候很有信心。一方面我長期參與開放探親及大陸決策系統的規劃，與黃昆輝是同事，也算是國王的人馬，因此我充分自信地去了，覺得海陸關係一定會得到改善。去海基會前，黃昆輝請我吃飯，我跟他說，我長久在規劃這方面的事情，知道分寸，不會使你覺得為難。但黃昆輝板起面孔說，從前是從前，現在是現在，海基會與陸委會要按照規矩來走。我當時聽了，心裡涼了一半，知道彼此的默契沒有了。

後來的陸九條，就是要很嚴格控制海基會。其實黃昆輝的心態不對，海陸兩會不是長官和部屬關係、不是父子關係，是兄弟關係，互相幫忙。

黃昆輝沒有從事過談判，當初海基會就算按照授權去談判，陸委會也常臨時反悔、現場翻盤，談判人員也因此常遭到對方奚落。我曾對對唐樹備說，你的授權可以翻觔斗，我的授權是綁起來的。

每一次談判前，陸委會的授權內容相當細，沒有任何空間，也會在行前召開記者會，公開完整的談判內容，講授權海基會什麼，這怎麼去談判？

Q3：關於授權問題，有沒有例子？

A ：最嚴重的大約有兩次。我1993年3月12日出任海基會，四月初就到北京去和唐樹備展開辜汪會談預備性磋商，包括辜汪會談時的名稱、參加人數、日期、議程、如何公布，舉行記者會等等問題，談到最後，雙方白紙黑字都寫清楚了，最後一天，汪道涵特地從上海飛到北京，在人民大會堂接見代表團一行，同時雙方也將和汪道涵說明預備性會議結果。就在我離開飯店，要出發到人民大會堂的時候，陸委會連撥三通電話，十萬火急，我接了電話後陸委會說，昨天談判結果現在要推翻，必須要在離開北京之前把事情搞定，否則沒有辜汪會談。

兩岸這麼多的穿梭奔走，怎可兒戲說不談，何況我是按照他原來一五一十，一條不漏地去談，達成協議。

陸委會要更動的部分是雙方約定好的「海基海協要制度化協商，兩會領導人每一年見面一次，副秘書長層級半年見面一次，副秘書長層級三個月見面一次，雙方各自成立相關小組，小組間經常可以聯繫」，這一部分，由於當時有機關臨時表達不同意見，陸委會也臨時要求談判代表更改內容，並說，若這條不改，就沒有辜汪會談。

黃昆輝沒做過談判，不了解談判過程、語言、動作安排都有學問，他不知道談判是妥協的藝術，各要有讓步。何況，即使雙方預備性商談簽字後，到正式會議後還可表示不同意見，那時再更改都來得及，這不是了不起的大事。

第二件事發生在辜汪會談最後一天，在討論臺商投資保障協議，我們提出八點，其中六點對方都接受了，有一點接受一半，不能接受的是臺商人身保障，另外半點是仲裁，後來雙方同意互提仲裁名單，由爭執雙方互相討論。這是第五項要簽的協議，但到了快要簽字時，黃昆輝打電話來，說簽得太多不能再簽。等我再坐上談判桌時，唐樹備笑了，說「你恐怕又遇到困難了」。

以上種種，因此，辜汪會談回來後，我與黃昆輝幾乎不能共事。

Q4：當時李登輝是什麼想法？

A ：很難猜測。當初李總統和我長談兩次，叫我到海基會當秘書長時，的確是希望兩岸關係和緩有進步的，他甚至跟我說，「將來你就是我駐大陸的代表」。

國統綱領遠程中有關「兩岸領導人互訪」這一條，也是李登輝的意見，我草擬國統綱領時，李登輝他叫我加上這一段，他說，大陸都是從上到下，沒有兩岸領導人會面談不出來。

至少那段時候看來，他還是有兩岸統一遠景；很多人說黃昆輝偏向保守的思維背後可能是總統意思，我不知道。

辜汪會談回來後，我與黃昆輝關係很僵，當時李登輝在馬祖訪問，人在軍艦上聽說海陸大戰，馬上在軍艦上打電話叫連戰處理，可見他非常關心。那時投保協議說不簽，有人認為黃昆輝這通電話背後是李登輝意思，這是一種假設，我無從求證，但我從辜汪會談回來後，李登輝很高興很滿意，請我打高爾夫球，就是慰勉獎勵的意思。

Q5：當時國內政治環境如何？

A ：當時因為剛發生天安門事件，大陸政權對照臺灣民主化，那時說與大陸統一，沒有人會贊成，反對黨對大陸政策也多持懷疑態度。辜汪會談前，當時的桃園縣長呂秀蓮還帶著一群民眾到機場，不讓我上飛機，呂秀蓮指著我說，「不要出賣臺灣利益，不然就是臺奸，回來後要審判你」。

但辜汪會談回來後，在野黨的態度都比較緩和了，在立法院，當時的立委陳水扁、謝長廷質詢時都以輕鬆的態度，開玩笑般考我，沒有一點責備的口氣。

Q6：辜汪會談後，國際反應如何？

A ：由於辜汪會談使兩岸和緩，趨於制度化協商談判，對東亞和平有很大作用。辜汪會談後，不僅江澤民、李登輝肯定，國際間對辜汪會談的評價，幾乎一面倒肯定，包括美國國務院、歐盟、東協、日本、韓國都傳來肯定消息，李光耀也很得意。

我離開海基會後，黃昆輝運作葉金鳳進入海基會，希望找一個省籍相同的自己人去控制海基會，後來許惠祐長任海基會秘書長，才得以海陸一家。其實，我也覺得海陸應該密切合作，但應該給海基會一點空間，委託授權的部分受陸委會箝制，沒有受委託的部分應該能自己決定，像海基會就可以做一些兩岸交流工作，不該去限制它。

Q7：你對兩會互設辦事機構看法？

A ：我當初規劃（設立陸委會與海基會）時的想法是，海基會的任務是階段性的，終究兩岸官方要接觸，海基會只是因為三不政策過渡時期的一種權宜性安排。海基會是沒有明天的機構，沒想到現在變為永久性機關，自己蓋大樓。

海基會原本是白手套，不能一直戴下去，現在雙方談判，次長坐在談判桌上，還留著白手套有沒有用？將來軍事互信、和平協議海基會能去談？ECFA簽了，兩岸經濟次長都溝通無礙，為什麼還要海基會？海基會這個機構設置的用意是兩岸關係正常化的一步，但兩岸關係不能正常化也是因為有白手套。

若海基會在大陸設辦事機構，應該要等同大陸與美國沒有建交前的連絡辦事處，要有這樣的作用；或像抗戰時期中共駐重慶的代表處，不能侷限於工作層次。海基會辦事處要有足以代表臺灣政府的代表，能見到大陸高層，才可以發揮真正希望它發揮的作用。

訪談五

訪問者：E

訪問時間：2013年2月18日

Q1：當時大陸系統決策？

A ：蔣經國從「三不」政策到解除戒嚴開放、開放探親，繼任的李登輝是否承續蔣經國兩岸政策，一直是爭議，我個人認為，蔣經國在兩岸方面並沒有後續的規劃，李登輝上台後的兩岸政策，是李登輝自己的主張。

李登輝當選第八任總統時就非常積極思考，要突破兩岸問題。在他就職演說中也提到。緊接著在七月召開國是會議，討論兩岸何去何從，是統是獨。當時國是會議討論兩個議題，一是兩岸，一是中央民意代表退職問題，當中得到一個明確的共識，也得到一個含糊的共識，最後一場兩岸的會是吳豐山主持的。

歷來中華民國的大陸政策都是由總統一人決定的。從蔣經國、李登輝、陳水扁到現在的馬英九都是如此。

在蔣經國時代，國家安全會議完全沒有發揮功能，交付給國安會的任務就是什麼都不要管，從蔣緯國、沈昌煥都是。當時國安會沒有功能，只有在國家總預算送立法院之前，形式上由國安會核可，反而是國民黨中央黨部有研究小組，存有很多資料。包括兩岸政策規劃小組一直到國統會成立，都是在黨部領導之下。

之後，李登輝在79年10月成立國統會，當時內部最大爭議在國統綱領，追根究柢是與大陸沒有互信，包括要不要三通的問題，就引起保守派的反彈。

國統綱領現階段是國家不統一綱領，兩岸三通是中程階段，也為保守派留了一點餘地。當時，該早三通或晚三通，內部有步調的不一致，但對改善兩岸關係，甚至對國家統一大方向，爭執不如現在激烈。臺灣那時候經濟很好，意興風發，是亞洲四小龍之一，GDP就佔大陸的一半；同時，蘇聯垮台，有人過度樂觀，認為大陸馬上也要垮，臺灣應該扮演積極角色，信心滿滿的想影響中國大陸。但這種想法到1992年底鄧小平南巡、訂定改革開放方針，大陸經濟軟著陸後，臺灣漸漸感到悲觀，李登輝也開始轉為保守，認為當前保住臺灣比較重要，改採戒急用忍。兩岸關係因此停頓，到馬英九才重新啟動。

當時海基會一度差點被解散，民國八十六年，政府政策上決定要把海基會收掉，要把海基會變成陸委會的一個協調局或談判局、交流局這樣的單位，都已列入國安會議程。那時我極力爭取，並提出海基會是財團法人，若將之收編，當中各界捐獻而成的基金該如何處理的難題，最後才促使海基會繼續留下來。

Q2：李登輝的兩岸政策為何會有這樣的轉變？

A　：我猜，這跟兩國論後續有關，要官方對官方往來，不要透過白手套。

Q3：當時為何會有海陸大戰？

A　：癥結在海基會一開始的定位就有爭議。海基會第一任秘書長是陳長文，陳長文當時認為，海基會與陸委會是一體兩面，既然是一體兩面，當然沒有高下之分，對大陸是海基會出面，對內部則是陸委會。而這也是當時行政院長郝柏村的想法。郝柏村還講過一個例子，形容陸委會與海基會是一個硬幣的正反面。

也因為這樣，海基會的組織功能，幾乎和陸委會相對應，也是希望海基會能代表臺灣到大陸大展鴻圖。聽說，當時海基會的組織章程到陸委會，陸委會還特別把海基會改成下級單位，送到行政院後，郝柏村又交給相關人員，把它改回來。

因此海基會一直不認為自己是行政體系下的傳聲筒或白手套，海基會認為我是一個獨立的財團法人，雖受政府委託，但是這所謂的政府不完全是陸委會，而是包含整個國統會、總統；而且，陳長文、辜振甫、陳榮傑也好，都是外交部系統出來，談判時沒有代表只能夠做傳聲筒，自己完全是死人，沒有人願意當這樣的角色，但陸委會不這樣想。陸委會要海基會任何大大小小的事，都要經過授權，當然就發生問題，雙方一開始就有這樣認知上的差距。

其實，白手套如果要做可以，像北美事務協調會，只是掛招牌，或像大陸一套人馬、兩塊招牌，但海基會與陸委會一套人馬，難免會有想法不一樣的地方，尤其創立之初，海基會的背後老闆是郝柏村、陸委會背後老闆是李登輝，先天上就註定雙方共事會出問題。

海基會不認為連回電報這種小事，還要經過陸委會請示同意，加上媒體煽動，甚至被大陸談判代表有意無意地調侃，當然海基會火大。

談判者最重要的就是爭取授權，地位愈高的人授權愈大，談判也愈有效果；談判者的籌碼，在談判之前爭取到愈多愈好，才能揮灑自如，同時，後方要給最大的信任與授權。

比如辜汪見面，汪道涵說，問候李登輝先生，辜振甫沒有經過授權，就不敢問候江澤民，沒有事先授權，他就不敢說這個話，有關政策性問題就更是這樣，常常前面一講，後面說超過授權，人家都沒回來呢，這代表怎麼幹？

而且，每次一講話經過記者轉述，總會從臺北傳回來一些話，上面認為講得太多了，總會有這些傳言。

Q4：有沒有類似例子？

A：有一次兩岸商談，有三個協議，其中兩個偷渡客和劫機問題已經談完，海上漁事糾紛則比較複雜。在偷渡客這部分，已經談到每抓到一個偷渡客送靖廬，大陸負責伙食費行政費，及由基隆送到馬祖再遣返的交通費。當時就希望至少簽一個協議，偷渡客和劫機犯遣返這兩個也真的已經談定了，連最挑剔的人都沒有話講了。

當時雙方在釣魚台賓館裡面談，大陸方面的作業人員，認為可以談成，把準備的布條拿出來比一比，結果大廳有幾個記者在休息，看到了將消息傳回臺灣，說大陸已經在布置簽約會場，其實我們在裡面談判都不知道。後來臺北不高興，不准我們簽協議，當時我們也有固定行程，但倉促之間也不可能繼續，簽不成也就算了。

當時我也很不高興，覺得不簽就算了，回來我就向上報告，如果談成這樣都不簽的話，大陸大概不會再跟我們談事務性的問題了，不幸言中，就這樣一直擱置，那幾個問題有些到現在都沒完全解決。

會發生這種事情，裡面牽涉到陸委會授權的問題，憑良心講，海基會前幾任談判代表，都是外交官或國際法律師出身，對談判相當有經驗，陸委會的人不懂得什麼叫談判；這裡面也有體制上的問題，陸委會對與大陸每個談判議題都有專案小組，由副主委召集，這樣的專案小組都是事務官層次，總是希望把所有的事務性問題一次解決，大陸方面卻認為先易後難，慢慢解決，只要大家有默契，有些不必行諸文字。

第二，在陸委會立場，希望達到十全十美的結果，但談判不可能十全十美，如果談判不完全按照規劃來走，陸委怎麼面對立法院？當然當時國民黨仍是主導地位，但如果談判過程有含糊的話，國內責怪起來，總是顧慮。因為這原因，讓兩岸之間的談判或文字上不能有一點空間；同時，也有些大陸不希望、但我們要故意凸顯的部分，兩岸雙方交涉當然就更需要時間。

那時談判不像現在，雙方可以面對面事先溝通，速度就很慢了，有時談一個字都要一個上午。

Q5：在你任職期間，海陸兩會的情形如何？

A　：在當職期間，除了部分記者興風作浪之外，兩會間沒有什麼太大紛爭。我是下了最大決心，不會讓海陸再發生糾紛，哪裡有跟對方談判前自己先打起來的道理？

我在國統會、陸委會、海基會三個單位都待過，我曾任陸委會副主委，即使是後來陸委會主委換成蕭萬長、張京育，我不管大大小小事情，都盡量與陸委會保持事先溝通。我的想法是，海基會是協商交流談判的單位，我們跟共產黨都可以溝通，不該自己內部都溝通不好。除了陸委會，我也跟在野黨跟媒體溝通。從我之後，海陸大戰就不太有了

Q6：當時沒有協商業務時，海基會的主要工作？

A　：就是交流，我們邀遍各省社科院、研究單位，北大清華、包括西藏社科院。這中間，多數是大陸受邀單位來訪，海基會去的比較少。陸委會對這些交流倒不太干涉，事實上，那時交流反而是大陸限制多，來這邊包括國立、中央等，大陸都有意見，甚至大陸還約束不能正式拜訪海基會。

Q7：你怎麼看兩會互設辦事處，會是海基會轉型的契機嗎？

A　：要蓋大樓之前江丙坤向我抱怨，你們那時候都沒有弄房子，害我們現在租金這麼貴。我說：董事長，我們那時的海基會使命，是盡早結束海基會，讓海基會成為過去。那時我們的目標是讓海基會作為白手套的階段趕快過去，和現在的思路是兩回事。

互設後，海基會定位暫時不會改變，但功能會增強。以中華民國現在國際間處境，包括美國北美事務協調會與日本都透過這樣白手套的形式在運作。

以目前來講，這個白手套不會在短期之內消失，除非大陸承認中華民國是獨立國家。互設後，應該看將來有沒有領事功能、能不能在大陸簽發入臺文件，應該這少能做到這一步。

其實，兩會互設最重要的觀察點是辦事處代表，如果是陸委會處長層級，當然只能處理事務性議題。辦事處代表人選有很大象徵意義，代表的是海基會？陸委會？或行政院？決定代表要不要進一步解決兩岸高層次的問題。

未來海基會一定會由事務性偏向政治性。海基會慢慢從無到有，從有到多，慢慢提高層次，就是一個大突破。要解決兩岸現階段問題，的確需要層次高的人。

在大陸設辦事處後，在臺灣的海基會功能自然也提高了，表示海基會還是有用的，不管怎樣還是要借你的招牌。海基會的伸縮性與彈性其實是蠻大的。

訪談六

訪問者：F

訪問時間：2014年1月21日

Q1：你在海基會任職期間，與海協會的溝通情形如何？

A　：當時兩岸關係因為終統、公投以臺灣名義加入聯合國等事件影響，關係非常不好，兩岸海基會海協會當時幾乎沒有任何互動，當時兩機構的互動就是靠傳真機傳真，但是服務性工作還是做，有關臺商人身安全或緊急救助、人道救援，或者是一些共同打擊犯罪，這一類的聯繫還是在進行，但政治協商或大陸政策協商方面，相對而言是停滯的。

此外，兩岸有些事務性協商也還是在進行，像三通直航等議題。但政治還是雙方協商談判中最重要的關鍵，政治問題不解決，很多問題不暢通。當時沒有政治互信，像我們要的包機或貨運便捷化，中方不給你。我在2007年7月上任，有些相關開放、兩岸協商的議題透過朋友關係私下去問，都傳回沒有可能的答案。

那時因應產生「澳門模式」，比如兩岸談假日包機，就是由兩岸交通部門官員以民間團體身分去談，由民間業者機構出面。在談之前，交通部有一定授權與規範，由民間團體傳達或表述我方意見。

Q2：那時海基會在兩岸互動中的角色？

A　：因當時沒有任何簽約，海基會角色不會太重，基本仍由主管機關進行，海基會知道正在進行的事情，也有參與大陸決策的討論。

海基會當時主要業務仍是人道救援、緊急服務方面，這個管道還是有。若不是政治意識型態東西，關係到急難救助，海基會傳真信函到海協會，對方也都會回覆。

Q3：在野黨如何看待海基會角色？

A　：當時重要的角色不是海基會，重要的是陸委會、國安會。海陸大戰就是因為有事情做，有事做，有決策，才會有事權、決策權落在誰身上、誰來領導協商工作的問題。我那時沒有海陸意見不和，造成矛盾衝突的情況，因為沒有大事情。

Q4：你在海基會董事長任內，海基會與陸委會關係如何？資訊傳遞狀況如何？

A　：當時關係都很好，海基會與陸委會都會固定開會，每天都會有一些兩岸資料傳送過來。

民進黨執政時期陸委會主任秘書兼海基會副秘書長，主秘會過來和海基會事務部門幾個處長開會，溝通蠻順暢；此外，當年我也在民進黨內，是黨常委也是一派系，透過額外關係，也會知道一些額外資訊。

Q5：那時政府大陸政策如何形成與運作？

A　：當時總統陳水扁就是Key person，國安會秘書長邱義仁也是，國安局局長不是太重要。國安會諮詢委員有裡面一些重要的人，加上陸委會主委，早期還有黨主席、黨秘書長。不過，陳水扁是很有主見的人，很多人因此被內化，事先揣摩上意。在兩岸政策方面，陳水扁有時希望能把紅線往前推，我不贊成，開會時我提出不同意見，坐我旁邊的人還在桌下偷偷踢我腳，暗示我不要再說了。

陳水扁執政後期，曾有一位行政院秘書長談到大陸有意做些讓步，決定要做，但總統有不同意見，因此也就放棄了，很可惜。

Q6：在新的兩岸情勢下，海基會有沒有可能廢除？

A　：不可能，它是法定機構，是政府在兩岸關係當中的機構，這機構設置是不可能廢掉的，是有功能性、必要性。

Q7：陸委會與海基會關係是否會有改變？

A　：我覺得因為政治時空環境改變，機構轉型或改變一定有原因，現在兩岸進行官方對官方直接對話接觸，金管會與銀監會、證監會都能夠直接對話，面對面溝通，事務官都能夠坐上來溝通，海基會編制少，沒辦法做到這些事，這樣發展是必然的。雙方在某一些功能性、事務性議題上，各主管機構都能夠跟對方官方協商，這是進步。

海基會日後就是一個儀式性或慶典性的角色，比如交換簽約，召開會議。因為現在雙方還沒有達到主權相互承認，需要海基會等儀式性平台。

Q8：兩岸兩會互設辦事機構，你認為應該是什麼形式？

A ：基本上兩岸經貿往來頻繁、人民7、800百萬人也互相往來，兩地區本來就該互相設立辦事處。問題是特殊政治關係下，辦事處的定位問題。我個人立場是先著陸，不需要先去考量落地姿勢。我不贊同一開始就要求一定要怎樣，比如人道探視，在對方刑法裡沒有，要求大陸讓步就不可行，這是兩岸社會差異。我認為雙方不能脫離理性、務實，要採漸進開放。若一下要求全部的領事權也不好，若能堅持當中一部分領事權，能夠聚焦在經貿服務、人道緊急救援等，有類似總領事館功能，未來雙方累積夠多互信，進一步討論具有真正領事權，要一步步來。

至於辦事機構代表，我認為是象徵性意義，不會透過他去發揮功能，因為功能執政黨主席該談的都談了，架構都談好了才落實給各部會，黨談完再給行政跟國安部門。

訪談七

訪問者：G

訪問時間：2014年3月20日

Q1：政府大陸政策體系如何運作？民進黨與國民黨執政時代有何不同？

A　：2008年國民黨執政以後，建立兩岸工作小組體系，每個禮拜開會運作，運作一定會有提案或兩岸的新的交流議題，相關部會都會準備資料，在那個場合討論大陸政策的方向策略。就陸委會來講，主委去之前大家可能知道一些方向，也都會先溝通，讓主委去那邊討論。回來後，主委會把重點向主要幹部交換意見，確定後續執行方向，大陸決策體系的脈絡很清楚，規律性也很強，在馬總統第一任內，兩岸關係進展看起來比較有次序，又不會感到很急，那樣子的運作因為我有參與，我就比較清楚。

至於民進黨執政時期，因為我不是民進黨員，不了解那時候的決策風格，我在當時的工作環境中，聽不到太多有關政策處理的過程或內容，所以很難和國民黨時期比較。

Q2：民進黨時期的決策風格如何？

A　：陳總統有相當程度的主控性，加上蔡（英文）主委也有一定自主性，大陸政策大概就是這兩個人的角色比較重。現在馬政府是機制在運作，即使主委不在、出國等狀況，都會有副首長代理。

Q3：民進黨時期，陸委會副主委兼任海基會秘書長是什麼原因？

A　：因為事情比較少。海基會負責兩岸協商、服務、交流業務，但民進黨時代這部分需求比較少，所以從我開始用兼職的方式。

那時兩岸協商領域沒有其他任務，若有也不是透過海基會。加上當時交流案件量也不大、服務功能又是持續性的，由海基會很多部門自己處理，那時兩會間的常態互訪也沒有，沒有這些互動，所以兼職是OK的。後來雖然有包機，小三通等，大致上都不是一個難度太大或太複雜的事情，應該還OK。馬總統上來以後恢復兩岸兩會協商，功能上以海基會為主，有需求，陸委會副主委與海基會秘書長就又分開來做。

現在因為兩會協商進入政府機制對機制，雖然還不能以官方機關作為簽署名稱，但最起碼兩岸透過多次協商議題溝通，累積互信，由陸委會副主委兼任海基會秘書長，可以讓政府對政府機制的意涵自然發生。不過，我沒有實際參與，是從以往經驗去猜的。

延續上面的推論，我認為陸委會副主委在馬英九執政時期再度兼任海基會秘書長，不是人的因素。兩會協商過程本來就是政府機制，若是人有問題，把人換掉不就好了？不需要調整。

Q4：陳水扁執政時期與馬英九執政時期相較，海陸如何合作？

A　：民進黨時期，海基會副秘書長是陸委會主秘，秘書長是陸委會副主委；董事長辜振甫與蔡英文等人的關係也很好，辜振甫過世後，其他海基會董事長都與陸委會同一政黨，溝通上都沒問題，也沒特別聽到什麼不和的消息。

在國民黨執政時期，兩岸兩會在確定協商議題後，議題相關機關就要組成專案小組，準備業務工作，海基會也有人員參加，待討論到一個階段後，海基會海協會就會聯繫，確定業務溝通如何進行。

業務溝通過程中，帶隊的一定是陸委會與主管機關，舉例來說，兩岸簽署共同打擊犯罪與司法互助協議時，就由我與法務部次長組成專案小組，小組裡面有司法院法官、法務部檢察司長、警政署刑事警察局主秘、海巡署、調查局處長、陸委會法政處處長、海基會法律服務處處長等人。待專案小組準備好業務溝通時，兩個召集人不去，其他人上場；聯繫場地、人員、時間等都是海基會與海協會，到了談判現場，海基會不是主談，由法務部檢察司長與陸委會法政處長主談，海基會派人做紀錄，呈報海基會秘書長。

回來後各部會呈報上級、處理相關問題，並再準備下一次業務溝通，在下一次業務溝通之前，相關機關會召開很多次會議，海基會一定都會參加。

等議題差不多了，就通知陸方開預備性磋商，由海基會秘書長代替陸委會出面做整合，若沒辦法處理，就延至兩會會談談判桌上。

海基會與陸委會、各相關部會是一個隊伍，不是海基會陸委會如何開會（合作）問題，整個議題中，整個隊伍是一起的。

Q5：前海基會秘書長高孔廉曾提及雙方資訊流通有問題，你怎麼看？

A：海基會在談判過程的功能，與議題主管機關相較，本來就不是議題主軸，雖然協議協商過程中，海基會跟相關業務機關都在，但畢竟部會比較專注在專業且細節的議題，海基會現場聽的，跟其他部會的記錄可能有一點落差；此外，在與對岸提出檢討的時候，部會提出的東西不會鉅細靡遺，主要關注在我方的問題上，但每人切入角度不一樣，或許我方不覺得是重點、或沒辦法處理的議題，但也有可能在談判場上突然出現，那也不是惡意或刻意去作的。

Q6：陳水扁及馬英九時期的陸委會與海基會還有授權問題嗎？

A：民進黨時期海陸的平常互動因有副秘書長（陸委會主任秘書兼任）與秘書長（陸委會副主委兼任）連結，海陸兩邊的相關建議，兩人就可以在其中解決，此外，高層聯繫會報也是既有的存在機制。當時兩岸案件少，兩會間的討論也不多。

馬英九時期兩會制度化協商，海基會的授權其實很清楚也很有限，是陸委會授權海基會去完成兩岸協商。所以啟動協議準備一開始會授權海基會。

2008年以後，很多海陸互動在機制中完成，不會有李登輝時期的狀況。海陸切入點不同，海基會管交流、服務，背後還有政策立場，陸委會會告訴海基會；陸委會也不會衝到第一線，這方面大家都可以溝通、交換意見，不容易造成也幾乎不可能造成以前那種情形，不會有大方向大策略的不同。

Q7：海基會的功能角色會慢慢轉變嗎？

A　：當年民進黨時代提複委託，海基會雖然理解，但難免擔心會被怎麼樣。其實那都是屬於專業的需求，到現在兩岸真正直航，相關技術執行細節也都是由兩岸民航主管機關與協會處理，也沒有因此讓海基會就不見。

現在陸委會副主委兼海基會秘書長，功能分工也很清楚，在兩岸協商以政府機制對機制、陸委會國台辦都建立聯繫管道時，陸委會在兩岸協商方面要多一點主導權，海基會秘書長跟陸委會連結後就能更落實，這兩個角色重疊，會更穩定。至於協商交流服務就交由海基會。

海基會協商服務交流都還有必要，現在要簽署協議，也還是要由海基會董事長出面，不會是陸委會在簽。未來海基會如何轉型，要看雙方互動，兩岸兩會互設辦事機構後，多少也要有調整，許多部會進駐辦事機構，帽子還是要戴著海基會的，但海基會不會萎縮，只是要調整。

訪談八

訪問者：H

訪問時間：2014年3月5日

Q1：目前的大陸決策如何運作？

A　：大陸決策體系以總統為核心，下面分為國安體系（兩岸國防外交），總統用國安會當幕僚，國安會協調兩岸、國防、外交工作。至於負責執行的陸委會上面有兩條線，一條實線是行政院底下部會，受行政院長指揮監督；另一條虛線是更重要的、組織法看不出來的，國安會對陸委會的影響力大於行政院長。通常行政院長知道，兩岸、國防、外交是由總統指揮，行政院會尊重另一個體系，很少彼此意見不和。大家都知道最後是總統說了算，這樣比較起來，實線（的重要性）可能不如虛線。

國安會每週會有兩岸會議，部會提兩岸相關議題去討論。大部分兩岸關係政策是在這個會議上決定的，除了各部會、陸委會、海基會成員外，外圍智庫也扮演角色，包括民辦官方智庫提供情勢看法，國安局也算智庫，會定期蒐證資料提供給長官。這外圍民間智庫，除了研究外，也會做二軌接觸，一些議題還在醞釀階段時，有時候會先透過半官半民的智庫先做一些討論與試探，帶來一些意見交換，會回饋做政策參考。

兩岸政策真正決策核心是總統。陸委會執行政策，但一般來說，重大決定是總統做的，一些事務性議題上陸委會可以自己做決定，重大方向性決定一般是總統在固定會議上討論，陸委會有拿捏建議的空間。

Q2：兩黨如何看陸委會與海基會的互動與角色？

A ：從民進黨角度，非常不希望海基會角色存在。民進黨的意識型態中，兩岸是國與國關係，應比照兩個政府直接往來，不能接受透過白手套，希望廢掉海基會。

國民黨的看法不是說海基會一定要存在，而是你沒有選擇，兩岸間的政府接觸，直到這次王張會之前，大陸根本不接受兩岸政府之間的接觸，他需要創造一個白手套進行兩岸間的互動接觸。不是我們不希望直接接觸，是大陸沒辦法接受。因此，國民黨從務實的角度來看，現在根本沒有廢掉海基會的條件。

當然我覺得值得觀察的趨勢是，尤其在王張會後，大陸承認陸委會與國台辦有官方正式接觸，未來會怎麼樣值得觀察。但就算建立長期溝通，雙方也都同意海基會不會被取代，脫掉白手套在現階段還沒成熟，短期間海基會仍然要存在。務實來看沒有廢掉海基會的條件。

2000年到2008年民進黨執政時，海基會也沒有廢掉，當時海基會功能比較不彰顯。目前除了各別民進黨立委對海基會持否定態度，但民進黨中央還沒對這表態，不意味未來民進黨政策就是如此（廢海基會）。

Q3：陸委會與國台辦建立常態溝通機制，海基會的功能定位是否改變？

A　：其實幾年前，陸委會就與國台辦有過接觸，但若要直接接觸，是很重大、很慎重的事，要以公文向上級層層請示確認後，陸委會處長才會跟他們（國台辦）局長溝通。以前透過海基會海協會傳話，在傳遞訊息中怕有落差，之後一兩年覺得有需要就跟國台辦聯絡，直接打電話。一開始不知道他們反應，但一次兩次三次，他們電話就接了，也有回電，幾次之後就沒有像以前那樣，直接溝通變得很平常。日常業務就是要溝通該溝通就溝通，這是較新的做法。

去年APEC，我方曾提到建立常態互動機制，把本來在檯面下做的事正式提到檯面上，今年二月王張會議中確認。我認為兩岸關係進展到一定程度，兩主管機關不能直接溝通真的很奇怪。吳伯雄見習近平時表示兩單位之間要有正式互動接觸；習近平在去年十月跟蕭萬長談話，也鼓勵兩岸常常互動，等於給了國台辦綠燈。

隨著兩岸情勢變化，海基會怎麼辦。短時間之內海基會不會消失，繼續存在是現實上需要，至少正式協議簽署時，海基會的角色沒辦法取代；萬一有一天，陸委會國台辦可以自己簽協議，也不代表海基會要關。臺商服務這一塊陸委會力有未逮，海基會可以轉型，由海基會負責臺商服務，讓臺商感受到政府幫他們解決問題，海基會可以扮演這個角色，轉型分擔陸委會不擅長的事。在這方面，陸委會沒有意願與也沒有能力取代海基會角色。

Q4：未來兩會互設辦事機構的形式？

A　：按理講不一定預設海基會（辦事機構），但若堅持用政府名義去做，會拖很久，陸方短時間無法接受，比較務實的方法，就是借海基會招牌，裡面運作以政府官員為主，海基會做支援工作。要推動比較快，就要接受這種方式。

未來的海基會辦事機構代表，一定是要扮演重要角色，每一位駐大陸代表，都是扮演政府溝通橋樑的重要角色，是因為制度設計，讓他重要。但那個代表不會是海基會說了算，會循著大陸決策體系決定。

Q5：曾有人說陸委會與海基會的資訊傳遞出了問題？

A　：任何兩岸互動，人跟制度都會相互影響。人當然一定也會有化學變化的問題。人跟制度是交互影響的，任何兩個人的組合都有不同結果。

每個人的風格都會影響兩單位關係，陸委會過去不只處與處之間彼此溝通是用公文，跟別的單位也有這種情況，後來改變成跟別單位包括海基會溝通發公文時，要用電話解釋先解釋清楚。現在跟其他部會間的溝通還不錯。

這次陸委會副主委兼秘書長，大家覺得是大事。現在因為兩岸互動很多，海基會陸委會各扮演角色，大家看習慣兩會這種模式運作，也在猜是否送出某些訊息。

這個訊息是說我們也要推動類似大陸一套人馬，李登輝時期出現海陸大戰，馬英九上台後就比較沒有大的爭執。兩個單位不論如何，還是會有衝突，陸委會覺得你該知道的我告訴你，你不該知道的我就不告訴你，要解決這種兩單位左手打右手、牙齒咬舌頭的事，或許陸委會接海基會可能改變這些問題，制度改變可以降低因為人所產生的差異。但也有缺點，比如業務上忙不過來、海基會是否因此會有失落感。但海基會還是有價值，就算未來兩岸脫掉白手套，海基會仍無可取代，可以獨立存在。

其實兩個單位互動，制度的改變，可以讓人的因素降低，不然你只能期待兩人溝通順暢，但這很難，海基會可能覺得自己扮演積極角色，陸委會覺得應該是陸委會決定政策你執行，官僚體制中的本位主義無從避免。

李登輝時期兩岸政府溝通透過白手套，本來就不是常態，遲早要往那個方向（脫掉白手套）去走，只是時間早晚而已。其實陸委會海基會矛盾沒有想像中那麼多，因為兩方關係不是平行的，是政府機關與財團法人的差別，海基會不可能變成陸委會平行。雖然大陸決策機制海基會有發言權，但制度設計會讓他縱使有發言權，但最後回到行政體制上，海基會還是必須受陸委會指揮監督，海基會人都了解這一點。因此雖然難免有小衝突，但都是一些小地方。

陸委會與海基會問題，其實很多制度面都已經規定得很清楚，比如海基會受陸委會委託，執行簽協議等任務，白紙黑字在契約中說的很清楚，制度上海基會就是做這些事，但實際上未必，人還是影響到制度。

舉例來說，2008年馬英九上台，為什麼是賴幸媛當陸委會主委？省籍背景是一定考量，馬總統知道臺灣社會有三成左右不放心，為了促進社會和諧，讓這三成人放心，找一個臺聯黨出身的人來當陸委會主委，至少扮演一個制衡的角色。

在那個情況下，海基會就相對扮演非常重要角色，馬總統過去跟賴幸媛交集不多，但高孔廉是總統二十幾年的老同事老朋友，有重大事情時的分工，就不自覺的會比較仰賴海基會。後來兩邊人有變化，情況不一樣，所以在陸委會海基會之間的平衡就有微妙變化，因為人會造成不同的結果，在處理事情時，也會因為不同的人，產生不同變化。兩會運作很久，不致於會有權責不清的情況。我覺得比較多的是，因為溝通不良的感受上的問題，海基會覺得他處理就好，但陸委會覺得這不屬於你，那是誰說了算？目前看到情況大部分是人的問題不是制度面問題。

我認為制度可以改變這些情況，假設陸委會官員兼任海基會變成常態，制度化了，可能兩會在政策決定上會往陸委會這邊偏過來，讓制度來決定，而不是因為人。

Q6：陸委會與海基會在兩岸協議方面如何合作？

A：議題形成階段有很多來源，由部會、產業界或陸方提出，我們覺得可以談，就進行後續階段。

協商階段主要是部會主管機關，陸委會與海基會扮演把平台搭起來的角色，唱戲的還是部會主管機關，協議怎麼設計、談判攻防主要是目的事業主管機關，與陸方直接溝通，但還是戴著海基會與海協會的的帽子，以專家顧問身分協商談判。

陸委會扮演協調角色，比如主管機關希望爭取什麼，會給他建議，並告知陸方的情況，陸委會與陸方打交道的機會比較多，部會因此可能會聽你的，但換成海基會，部會可能就不太會聽。

海基會則扮演行政支援角色。秘書長在協議簽署前，就一些關鍵議題做最後溝通，當某些問題到最後一刻卡住，秘書長也會在協議簽署前，最後溝通爭取。但底線絕對不是海基會做決定，是主管機關。

訪談九

訪問者：I

訪問時間：2014年3月5日

Q1：你當時參與成立陸委會海基會體系的想法如何？

A：當時兩岸關係不可能有官方直接往來，除了行政院設立陸委會之外，也必須推動成立民間財團法人，就是海基會，有它的客觀環境需要。當時兩會之間應該是陸委會負責政策規劃、海基會執行，也為了要使這兩個會（機構）是一個整體，當時在兩岸條例裡面還定了條文，就是海基會工作年資可以計入公務員年資，這是所有財團法人團體中唯一一個（享有這樣的待遇）。當初為了這個條文跟銓敘部協調很久。當時是希望，陸委會的人工作一段時間後，就到海基會去做第一線工作，一段時間再回陸委會，有循環關係才能夠形成一個整體，目標希望一塊人馬兩塊招牌。其實有很多類似做法，包括美國的北美事務協調委員會與日本的亞東關係協會，都是這樣運作，美國AIT人員就是國務院人員，回去照樣回復官員身分。

一定要這樣運作才能形成整體，這是當時構想，雖然事實上運作也不是這樣，兩會高層人士並不一致，想法不一樣。我是兩邊都待過，深深知道這樣運作是有必要的。我到海基會（擔任秘書長），海基會有空缺時，都希望陸委會有人來，海基會第一優先請陸委會，陸委會不派，再上網公告有沒有其他公務機關願意來。但都是地方單位來，很少中央機關要過來，當然這也凸顯海基會待遇不如陸委會或其他公務機關、不具吸引力的問題，當初設計是工作上需要，前方後方要能輪調，才能形成整體戰力。

輪調的話可以避免將來人事上的長遠問題。假設海基會不存在以後，要併入公務機關，這些人怎麼處理，過去健保局、勞保局，那些人沒有資格就出了問題，我當時這樣用意，是從制度建立、長期運作角度來看，我想的很遠，但我覺得有必要思考遠的問題。

Q2：兩岸協商如何溝通協調？

A ：九零年代兩岸協商，海陸兩會間還形成整體作戰，只有海基會出面沒有陸委會，和現在情況不一樣。現在陸委會與各行政機關都有，以前只有海基會人員。當時我在陸委會，經常有聯繫會報，針對政策性問題都會討論，形成策略，交付海基會執行，包含九二共識列了好多案子，五個案子都是海陸共同研討訂出來的，後來三案也是這樣。2008年以來，協商不大一樣的原因是，涉及議題很廣，不是海陸兩會可以處理的，民航、海運、醫藥都是專業問題，有必要主管機關參加。至於海陸兩會其實扮演協調角色，不是主談角色。重點應該是說，各部會自己先談，業務上的技術性問題獲得解決，或有重大困難或政策性問題產生，才交海基會出面處理。

Q3：陸委會與海基會平常業務工作的互動情形如何？

A　：2008年以來接觸都不多，我也不知道是什麼原因。

Q4：你怎麼看現在陸委會副主委兼任海基會秘書長？是一套人馬兩塊招牌嗎？

A　：現在海協會運作才是當初我們的想法。（兼任）重點不在秘書長或董事長，是在專員、科員這層次，上面當然也很重要，但那是政策，實際執行在底下，若沒有只是上面交流，是空的。大陸海協會都是國台辦人員，那個方式溝通效率當然更好。

Q5：怎麼看兩岸兩會互設辦事機構？

A　：互設機構是有必要，因為兩岸人民往來這麼多有很多問題要解決，且多溝通管道，可以立即反映問題，是有必要的。

Do觀點34　PF0170

兩岸最前線：

從海陸大戰到海陸休兵

作　　者／翟思嘉
責任編輯／杜國維
圖文排版／周好靜
封面設計／蔡瑋筠

出版策劃／獨立作家
發 行 人／宋政坤
法律顧問／毛國樑　律師
製作發行／秀威資訊科技股份有限公司
地址：114 台北市內湖區瑞光路76巷65號1樓
電話：+886-2-2796-3638　傳真：+886-2-2796-1377
服務信箱：service@showwe.com.tw
展售門市／國家書店【松江門市】
地址：104 台北市中山區松江路209號1樓
電話：+886-2-2518-0207　傳真：+886-2-2518-0778
網路訂購／秀威網路書店：https://store.showwe.tw
國家網路書店：https://www.govbooks.com.tw

出版日期／2016年4月　BOD一版　**定價**／290元

寫自己的故事，唱自己的歌

兩岸最前線：從海陸大戰到海陸休兵 / 翟思嘉
著. -- 一版. -- 臺北市：獨立作家, 2016.04
面；　公分. -- (Do觀點；34)
BOD版
ISBN 978-986-92704-6-5(平裝)

1. 兩岸關係 2. 臺灣政治 3. 言論集

573.09　　　　105000814

國家圖書館出版品預行編目

讀者回函卡

感謝您購買本書，為提升服務品質，請填妥以下資料，將讀者回函卡直接寄回或傳真本公司，收到您的寶貴意見後，我們會收藏記錄及檢討，謝謝！

如您需要了解本公司最新出版書目、購書優惠或企劃活動，歡迎您上網查詢或下載相關資料：http:// www.showwe.com.tw

您購買的書名：________________________________

出生日期：________年________月________日

學歷：□高中（含）以下　□大專　□研究所（含）以上

職業：□製造業　□金融業　□資訊業　□軍警　□傳播業　□自由業

□服務業　□公務員　□教職　□學生　□家管　□其它_____

購書地點：□網路書店　□實體書店　□書展　□郵購　□贈閱　□其他

您從何得知本書的消息？

□網路書店　□實體書店　□網路搜尋　□電子報　□書訊　□雜誌

□傳播媒體　□親友推薦　□網站推薦　□部落格　□其他__________

您對本書的評價：（請填代號　1.非常滿意　2.滿意　3.尚可　4.再改進）

封面設計____　版面編排____　內容____　文／譯筆____　價格____

讀完書後您覺得：

□很有收穫　□有收穫　□收穫不多　□沒收穫

對我們的建議：________________________________

____

____

____

請貼
郵票

11466
台北市內湖區瑞光路 76 巷 65 號 1 樓
獨立作家讀者服務部 收

....

（請沿線對折寄回，謝謝！）

姓　　名：＿＿＿＿＿＿＿＿＿＿ 年齡：＿＿＿＿ 性別：□女　□男

郵遞區號：□□□□□

地　　址：＿＿＿＿＿＿＿＿＿＿＿＿＿＿＿＿＿＿＿＿＿＿＿＿

聯絡電話：（日）＿＿＿＿＿＿＿＿＿＿＿ （夜）＿＿＿＿＿＿＿＿＿＿＿

E-mail：＿＿＿＿＿＿＿＿＿＿＿＿＿＿＿＿＿＿＿＿＿＿＿＿